OBSOLETE ¿Te gusta imaginarte que eres alguien del pasado? Investiga más sobre los personajes y sus historias en: www.harcourtschool.com/hss

Reflexiones

CREADO EXCLUSIVAMENTE PARA CALIFORNIA

La gente que conocemos

Harcourt
SCHOOL PUBLISHERS

Orlando   Austin   New York   San Diego   Toronto   London
¡Visita *The Learning Site!* www.harcourtschool.com

MAPQUEST   TIME FOR KIDS

HARCOURT SCHOOL PUBLISHERS

Reflexiones

LA GENTE QUE CONOCEMOS

Senior Author

Dr. Priscilla H. Porter
Professor Emeritus
School of Education
California State University,
  Dominguez Hills
Center for History–Social Science
  Education
Carson, California

Series Authors

Dr. Michael J. Berson
Associate Professor
Social Science Education
University of South Florida
Tampa, Florida

Dr. Margaret Hill
History–Social Science Coordinator
San Bernardino County Superintendent
  of Schools
Director, Schools of California Online
  Resources for Education:
  History–Social Science
San Bernardino, California

Dr. Tyrone C. Howard
Assistant Professor
UCLA Graduate School of Education &
  Information Studies
University of California at Los Angeles
Los Angeles, California

Dr. Bruce E. Larson
Associate Professor
Social Science Education/
  Secondary Education
Woodring College of Education
Western Washington University
Bellingham, Washington

Dr. Julio Moreno
Assistant Professor
Department of History
University of San Francisco
San Francisco, California

Series Consultants

Martha Berner
Consulting Teacher
Cajon Valley Union School District
San Diego County, California

Dr. James Charkins
Professor of Economics
California State University
San Bernardino, California
Executive Director of California Council
  on Economic Education

Rhoda Coleman
K–12 Reading Consultant Lecturer
California State University,
  Dominguez Hills
Carson, California

Dr. Robert Kumamoto
Professor
History Department
San Jose State University
San Jose, California

Carlos Lossada
Co-Director Professional Development
  Specialist
UCLA History–Geography Project
University of California, Los Angeles
Regional Coordinator, California
  Geographic Alliance
Los Angeles, California

Dr. Tanis Thorne
Director of Native Studies
Lecturer in History
Department of History
University of California, Irvine
Irvine, California

Rebecca Valbuena
Los Angeles County Teacher of the
  Year—2004–05
Language Development Specialist
Stanton Elementary School
Glendora Unified School District
Glendora, California

Dr. Phillip VanFossen
Associate Professor,
  Social Studies Education
Associate Director, Purdue Center for
  Economic Education
Department of Curriculum
Purdue University
West Lafayette, Indiana

Content Reviewer

Dr. Judson Grenier
Professor of History Emeritus
California State University, Dominguez Hills
Carson, California

Classroom Reviewers and Contributors

Roswitha Mueller
Teacher
Tahoe Elementary School
Sacramento, California

Jeannee L. Schlumpf
Teacher
J.H. McGaugh Elementary School
Seal Beach, California

Christine M. Steigelman, M.A. Ed.
Teacher
Manzanita Elementary School
Newbury Park, California

Loreta V. Torres
Teacher
Fairmount Elementary School
San Francisco, California

Melinda Trefzger
Teacher
William Northrup Elementary School
Alhambra, California

María Villa
28th Street Elementary School
Los Angeles, California

Karen Westbrook
Teacher
Sage Canyon School
San Diego, California

Spanish Edition Reviewers

Isabel Almeida
John H. Niemes Elementary School
Artesia, California

Cristina Britt
Educational Consultant

Jazmín Calvo
César E. Chávez Elementary School
Bell Gardens, California

Mayra A. Lozano
Venn W. Furgeson Elementary School
Hawaiian Gardens, California

Allyson Sternberg
Boone Elementary School
San Diego, California

Maps
researched and prepared by

Readers
written and designed by

Requests for permission to make copies of any part of the work should be mailed to:

School Permissions and Copyrights
Harcourt, Inc.
6277 Sea Harbor Drive
Orlando, Florida 32887-6777
Fax: 407-345-2418

REFLECTIONS is a trademark of Harcourt, Inc. HARCOURT and the Harcourt Logos are trademarks of Harcourt, Inc., registered in the United States of America and/or other jurisdictions. TIME FOR KIDS and the red border are registered trademarks of Time Inc. Used under license. Copyright © by Time Inc. All rights reserved.

Acknowledgments appear in the back of this book.

Printed in the United States of America

ISBN 0-15-341666-1

1 2 3 4 5 6 7 8 9 10 032 15 14 13 12 11 10 09 08 07 06 05

Unidad 1

Las familias antes y ahora

🐻 NORMAS DE CALIFORNIA HSS 2.1

v

Unidad 2

La tierra a nuestro alrededor

🐻 NORMAS DE CALIFORNIA HSS 2.2

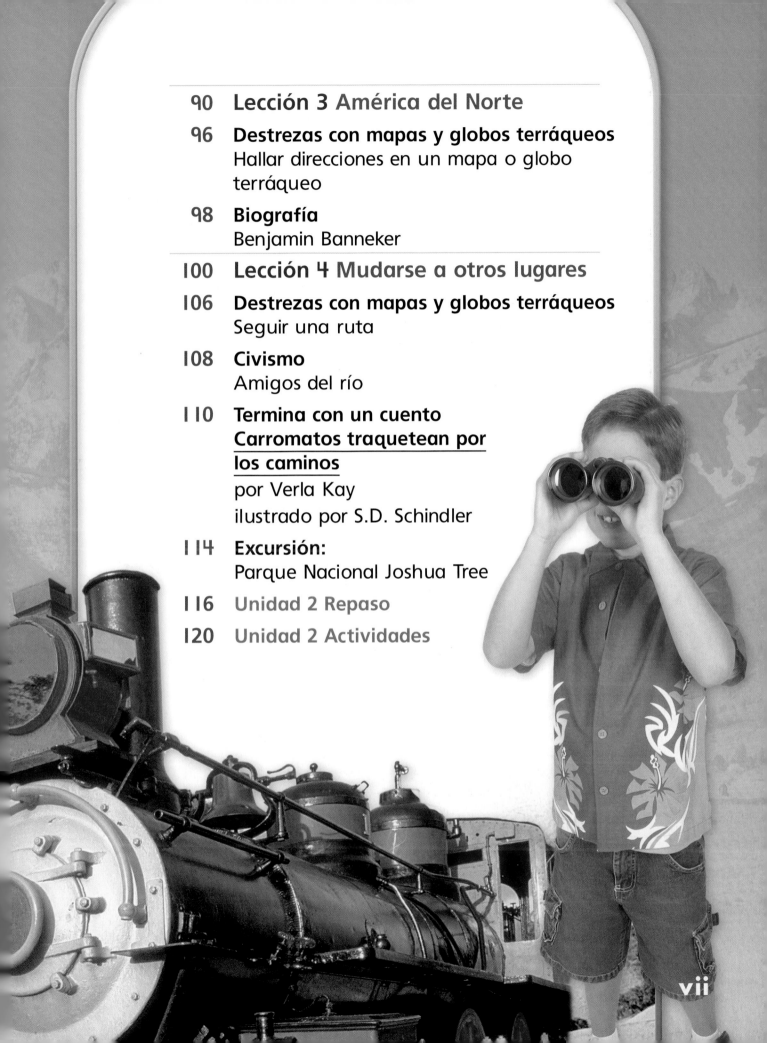

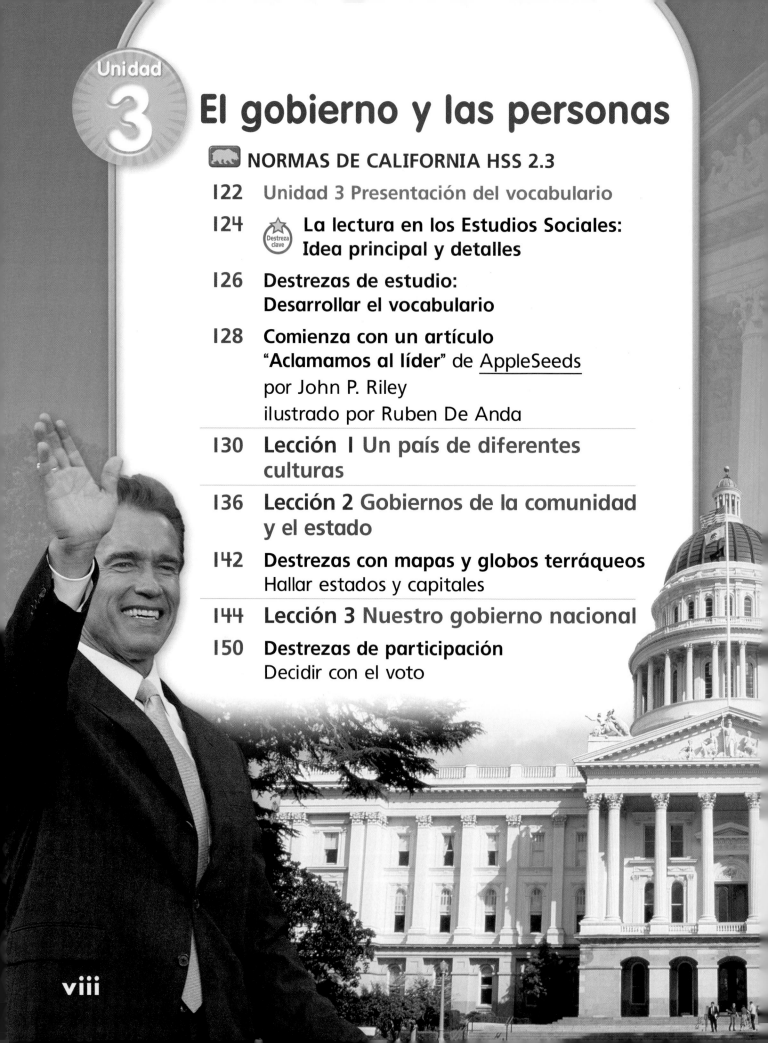

Unidad 3

El gobierno y las personas

NORMAS DE CALIFORNIA HSS 2.3

¡Yo voté!

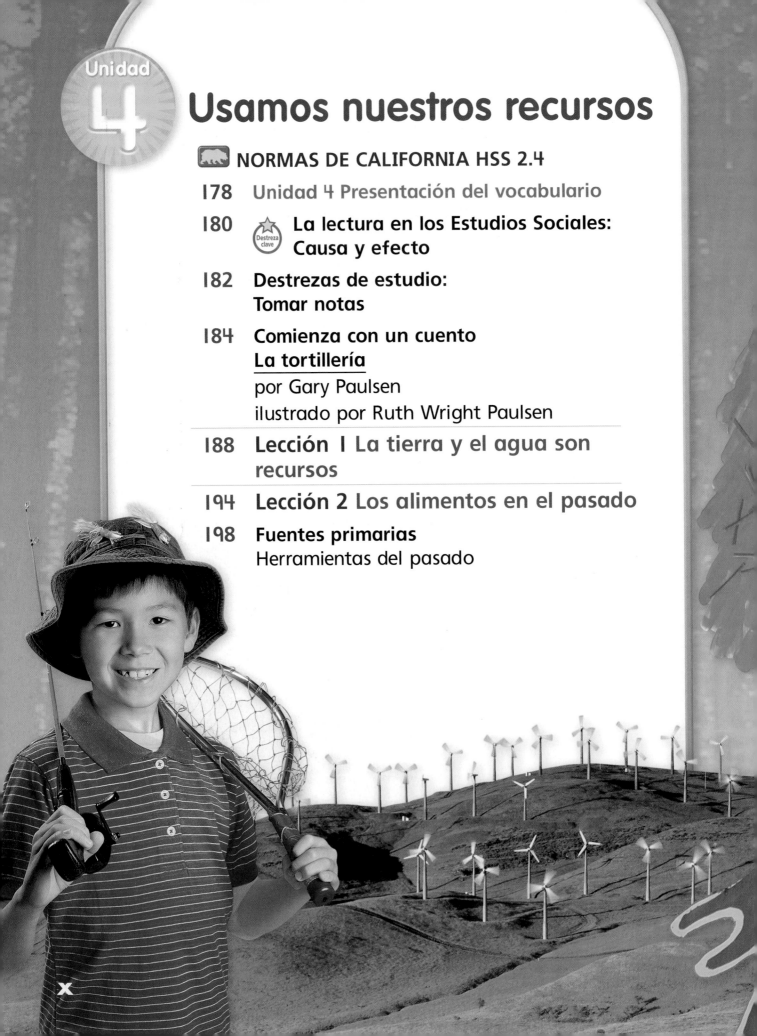

Usamos nuestros recursos

NORMAS DE CALIFORNIA HSS 2.4

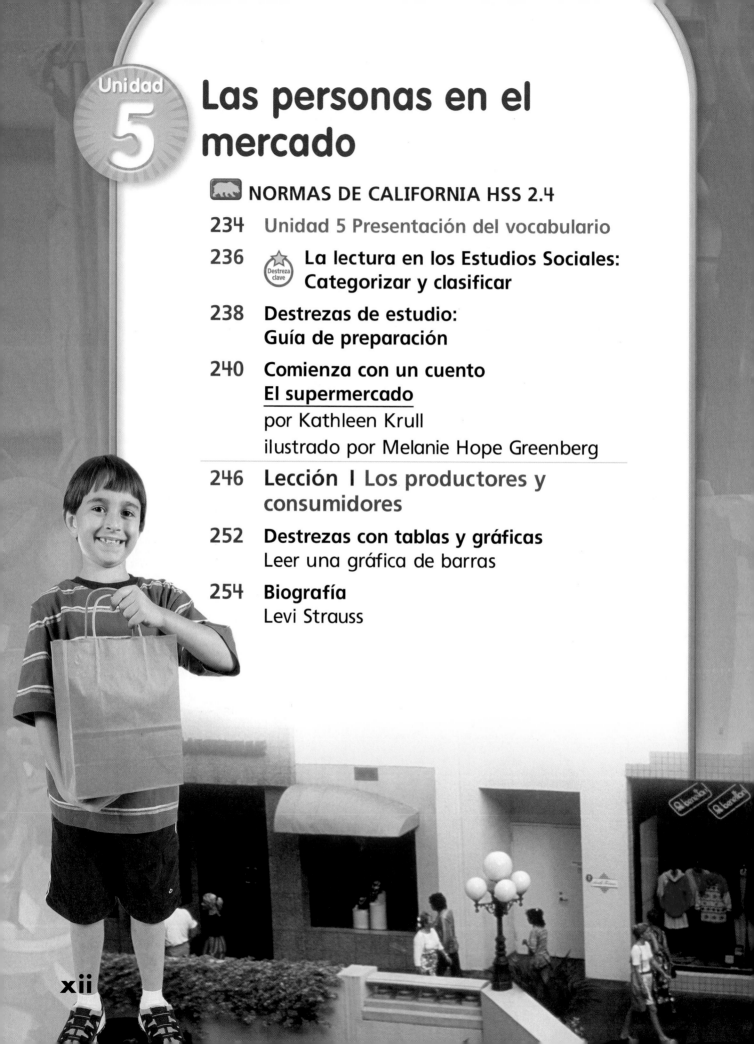

Unidad 6

Las personas mejoran el mundo

NORMAS DE CALIFORNIA HSS 2.5

xiv

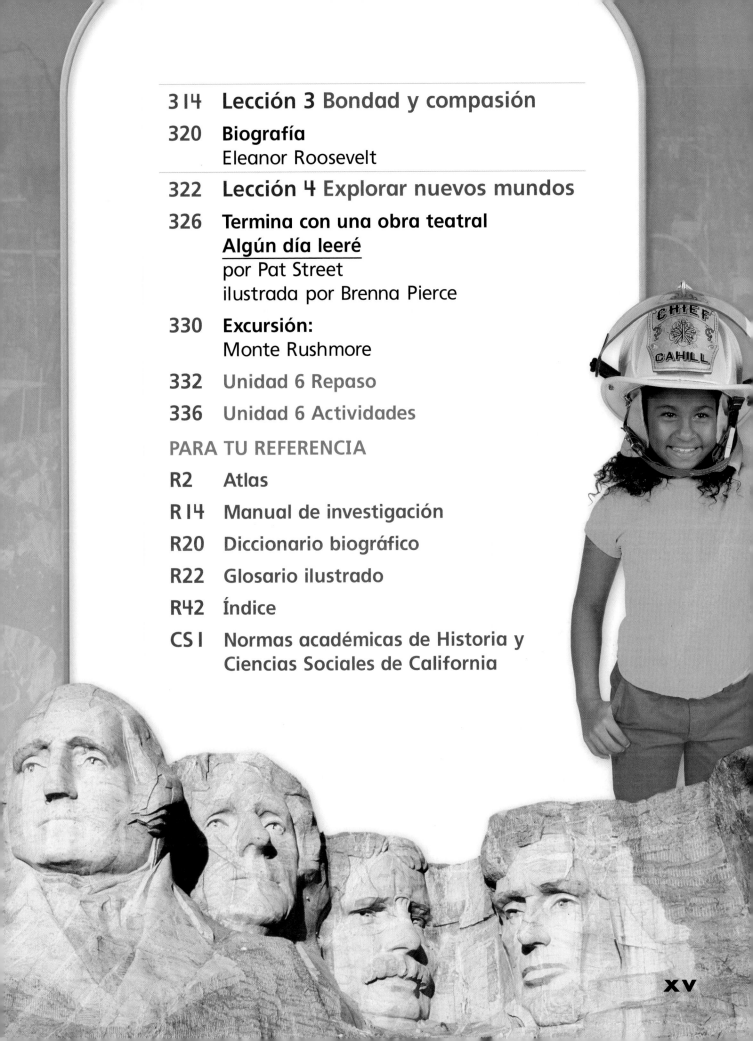

Secciones útiles

Destrezas

Destrezas con tablas y gráficas

Destrezas de participación

Destrezas con mapas y globos terráqueos

Destrezas de razonamiento crítico

La lectura en los Estudios Sociales

Destrezas de estudio

Civismo

Puntos de vista

Literatura y música

Fuentes primarias

Documentos

Biografía

Geografía

Patrimonio cultural

Los niños en la historia

Míralo en detalle

Excursiones

Tablas, gráficas y diagramas

Mapas

Líneas cronológicas

Una historia bien contada

"Quería que los niños comprendieran más el origen de las cosas... qué hizo de América el país que conocen".

Laura Ingalls Wilder en *Laura Ingalls Wilder: A Biography*
por W. Anderson

¿Alguna vez has pensado en las personas que vivieron en una época o un lugar diferente? Este año vas a aprender sobre la manera como las familias han cambiado con el **tiempo**. Vas a conocer a **personas** especiales que recordamos por la labor importante que han hecho. También vas a visitar **lugares** que están cerca y lejos para ver dónde viven las personas y cómo usan la tierra que las rodea.

Tiempos Personas Lugares

La gente que conocemos

Puedes aprender sobre la vida de las personas hace mucho tiempo leyendo la historia de una familia.

Algunas personas importantes nos enseñan a comportarnos.

Obtenemos la mayoría de
nuestros alimentos de la tierra.

Cómo usar este libro

PARA COMENZAR

Título de la unidad

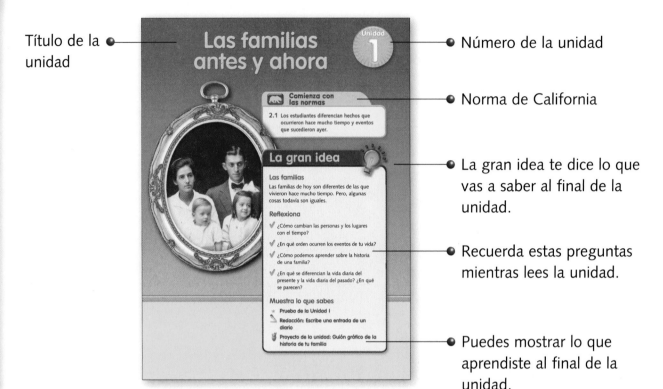

Número de la unidad

Norma de California

La gran idea te dice lo que vas a saber al final de la unidad.

Recuerda estas preguntas mientras lees la unidad.

Puedes mostrar lo que aprendiste al final de la unidad.

PRESENTACIÓN DEL VOCABULARIO

La fotografía te ayuda a comprender el significado de la palabra.

La definición te dice el significado de la palabra. El número de página te dice dónde puedes hallar la palabra en esta unidad.

Cada palabra nueva está resaltada en amarillo.

Hay más información y actividades relacionadas con esta unidad en la página web.

LA LECTURA EN LOS ESTUDIOS SOCIALES

Destreza de lectura y explicación

Párrafo modelo para practicar la lectura

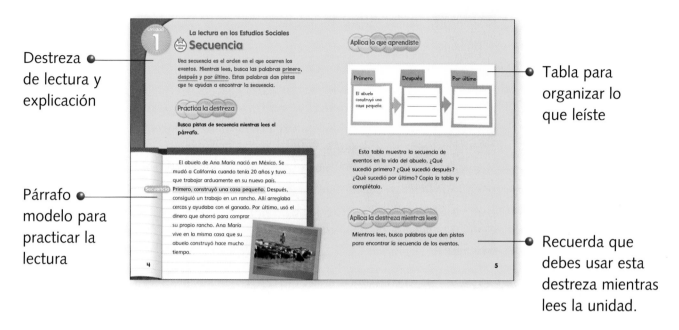

Tabla para organizar lo que leíste

Recuerda que debes usar esta destreza mientras lees la unidad.

DESTREZAS DE ESTUDIO

Destreza de estudio y explicación

Actividad para practicar la destreza de estudio

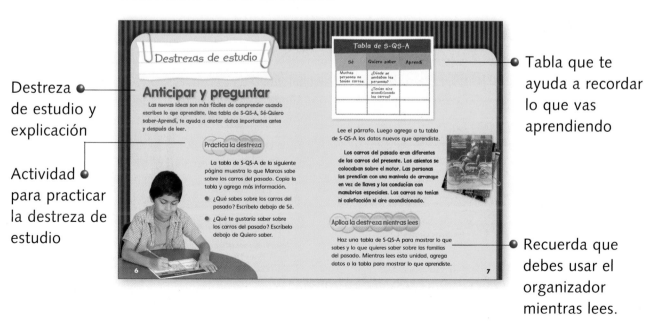

Tabla que te ayuda a recordar lo que vas aprendiendo

Recuerda que debes usar el organizador mientras lees.

CÓMO LEER UNA LECCIÓN

Número de la lección

Pregunta de enfoque

Algunos datos que debes hallar

Palabras para aprender

Recuerda que debes usar tu destreza de lectura.

Normas de California

Título de la lección

Resumen de la lección

Preguntas y actividades para comprobar lo que aprendiste

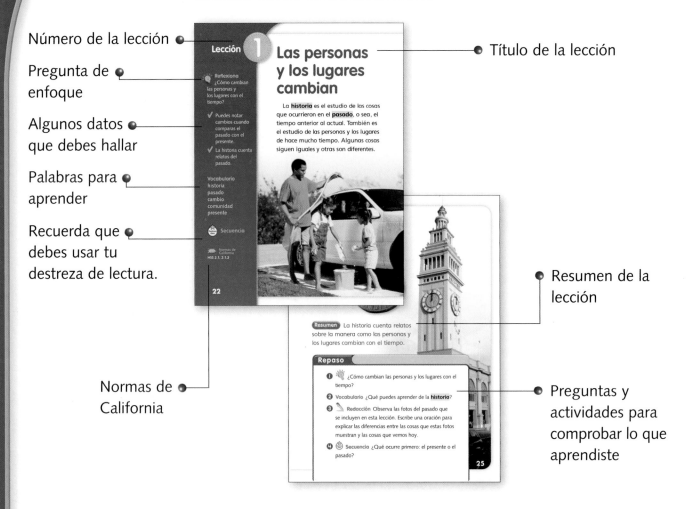

PRACTICAR LAS DESTREZAS

Las lecciones de destrezas te ayudan a desarrollar las destrezas con mapas y globos terráqueos, con tablas y gráficas, de razonamiento crítico y de participación.

Categoría de la destreza

Título de la destreza de la lección

Por qué es importante la destreza

Preguntas para practicar la destreza

Actividad independiente para practicar la destreza

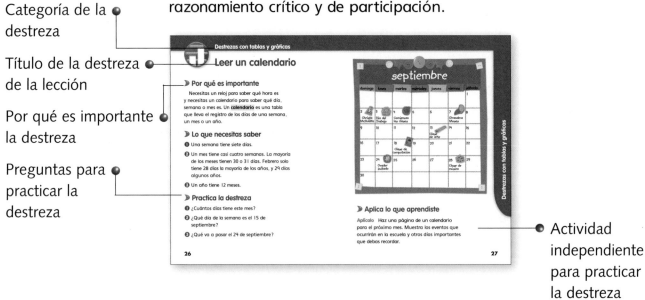

SECCIONES ÚTILES

Cada unidad comienza y termina con un cuento, una obra teatral, un poema, una canción, un artículo o un cuento tradicional.

Pregunta sobre la importancia del carácter de la persona

Nombre de la persona de la biografía

Fechas importantes en la vida de la persona

Página web para obtener más información y otras biografías

La sección de Civismo contiene información sobre ciudadanos activos del presente.

La sección de Puntos de vista te muestra que las personas tienen diferentes opiniones.

Las Fuentes primarias te permiten aprender sobre objetos y documentos antiguos.

Las fotografías y leyendas de la Excursión te llevan a lugares interesantes.

Ve a la sección de Referencia en la parte posterior de este libro para ver otras secciones útiles.

Los cinco temas de la Geografía

Nuestra historia es también la historia de los lugares donde vivimos. Cuando los científicos hablan de la Tierra, piensan en cinco temas o ideas principales.

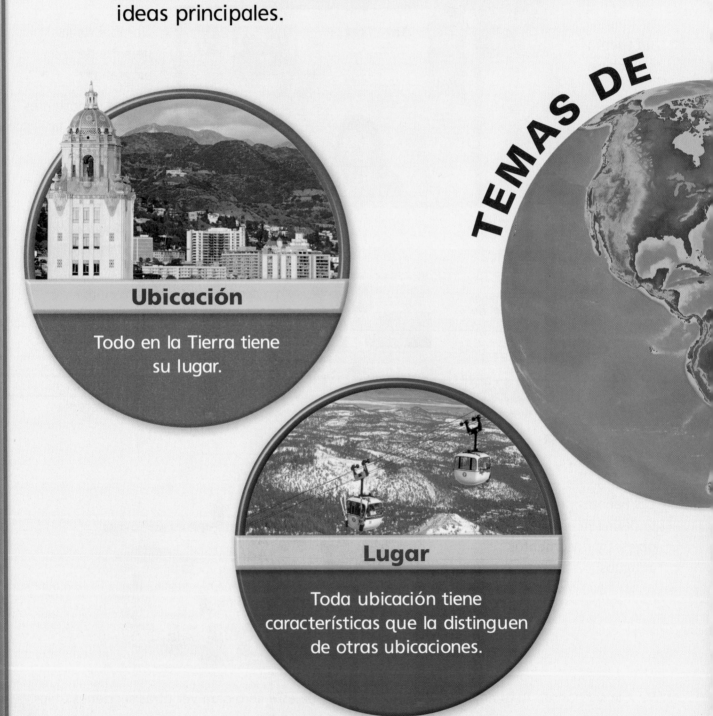

TEMAS DE

Ubicación

Todo en la Tierra tiene su lugar.

Lugar

Toda ubicación tiene características que la distinguen de otras ubicaciones.

Interacciones entre los seres humanos y el ambiente

Podemos cambiar el ambiente o hallar la manera de adaptarnos a nuestros alrededores.

Movimiento

Todos los días, las personas de todas partes de nuestro estado y país, y de todo el mundo, intercambian bienes e ideas.

Regiones

Las áreas de la Tierra con características similares que las distinguen de otras áreas, se denominan regiones.

GEOGRAFÍA

Observar la Tierra

La verdadera forma de la Tierra se muestra mejor con un globo terráqueo. Un **globo terráqueo** es una pelota redonda. Es un modelo de nuestro planeta. En un globo terráqueo, solo puedes observar la mitad de la Tierra. Puedes girar el globo terráqueo para ver la otra mitad.

En un mapa del mundo, puedes ver toda la tierra y el agua a la vez. Un **mapa** es una ilustración plana que muestra dónde están los lugares. Este mapa del mundo muestra los siete continentes. Un **continente** es una de las siete principales áreas de tierra de nuestro planeta. También muestra que gran parte del mundo está cubierta de grandes áreas de agua llamadas **océanos**.

DESTREZA DE ANÁLISIS **Nombra los siete continentes y los cuatro océanos que el mapa muestra.**

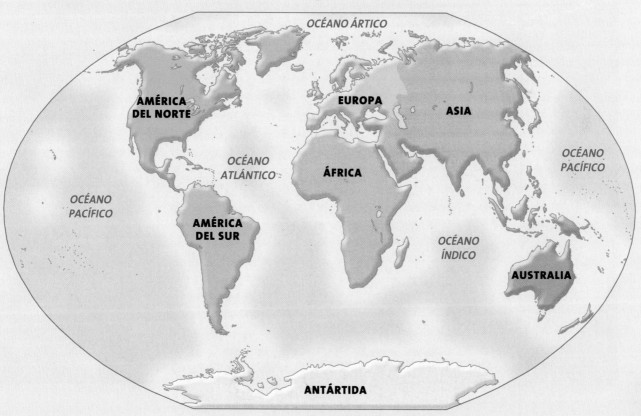

OCÉANO ÁRTICO

AMÉRICA DEL NORTE

EUROPA

ASIA

OCÉANO PACÍFICO

OCÉANO ATLÁNTICO

ÁFRICA

OCÉANO PACÍFICO

AMÉRICA DEL SUR

OCÉANO ÍNDICO

AUSTRALIA

ANTÁRTIDA

Vista desde arriba

¿Hay en tu vecindario una escuela, un mercado, una biblioteca, una estación de bomberos, un parque y un banco? Todos estos son lugares que las personas comparten en un vecindario. Puedes aprender sobre un vecindario al mirar una fotografía.

También puedes aprender sobre un vecindario al mirar un mapa. Los cartógrafos usan fotografías tomadas desde arriba para dibujar los mapas. En cada mapa dibujan símbolos para que podamos hallar los lugares en ese mapa. Un **símbolo del mapa** es una pequeña ilustración o figura que representa una cosa real.

DESTREZA DE ANÁLISIS **¿En qué se parece este mapa a la fotografía? ¿En qué se diferencia?**

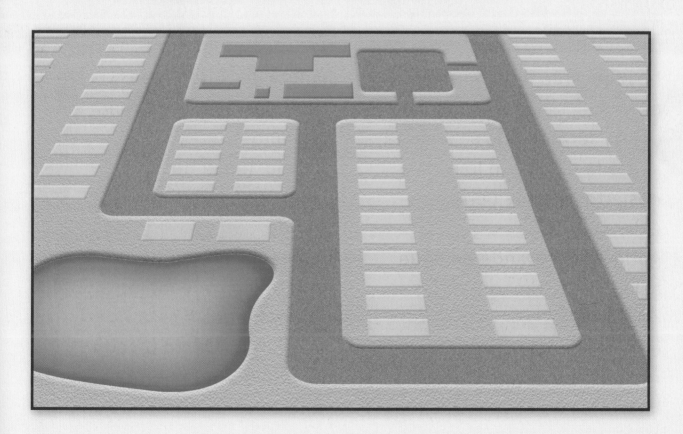

montaña

lago

valle

río

bosque   llanura   colina

desierto

golfo

isla

península   océano

bosque área de árboles muy extensa

colina terreno que se levanta sobre la tierra que lo rodea

desierto área de tierra extensa y árida

golfo masa grande de agua salada parcialmente rodeada de tierra

isla accidente geográfico rodeado de agua totalmente

lago masa de agua rodeada de tierra por todas partes

llanura terreno plano

montaña tipo de terreno más alto

océano masa de agua salada que cubre un área grande

península accidente geográfico rodeado de agua por tres lados

río gran corriente de agua que fluye por la tierra

valle terreno bajo entre colinas o montañas

Las familias antes y ahora

 Comienza con las normas

2.1 Los estudiantes diferencian hechos que ocurrieron hace mucho tiempo y eventos que sucedieron ayer.

La gran idea

Las familias

Las familias de hoy son diferentes de las que vivieron hace mucho tiempo. Pero, algunas cosas todavía son iguales.

Reflexiona

✔ ¿Cómo cambian las personas y los lugares con el tiempo?

✔ ¿En qué orden ocurren los eventos de tu vida?

✔ ¿Cómo podemos aprender sobre la historia de una familia?

✔ ¿En qué se diferencian la vida diaria del presente y la vida diaria del pasado? ¿En qué se parecen?

Muestra lo que sabes

★ **Prueba de la Unidad 1**

✎ **Redacción: Escribe una entrada de un diario**

✐ **Proyecto de la unidad: Guión gráfico de la historia de tu familia**

Las familias antes y ahora

1874

·1914·

Habla sobre

las familias

" Los nombres de nuestros familiares del pasado están escritos en la Biblia de nuestra familia ".

1933

1950

1971

2007

"Mi tatarabuelo trajo
este reloj de México".

"Mi mamá y mi abuelita
jugaban con esta muñeca".

vocabulario

historia   El estudio de lo que les ocurrió a las personas y los lugares en el pasado. (página 22)

comunidad   Un grupo de personas que viven o trabajan juntas en el mismo lugar. (página 24)

antepasado Miembro de la familia que vivió hace mucho tiempo. (página 36)

objeto del pasado Una cosa de otra época o lugar antiguo. (página 37)

comunicación
La transmisión de ideas e información. (página 52)

APRENDE
en
línea

Visita **www.harcourtschool.com/hss** para hallar recursos en Internet para usar con esta unidad.

3

La lectura en los Estudios Sociales

Destreza clave

Secuencia

Una secuencia es el orden en el que ocurren los eventos. Mientras lees, busca las palabras <u>primero</u>, <u>después</u> y <u>por último</u>. Estas palabras dan pistas que te ayudan a encontrar la secuencia.

Practica la destreza

Busca pistas de secuencia mientras lees el párrafo.

El abuelo de Ana María nació en México. Se mudó a California cuando tenía 20 años y tuvo que trabajar arduamente en su nuevo país.

Secuencia Primero, construyó una casa pequeña. Después, consiguió un trabajo en un rancho. Allí arreglaba cercas y ayudaba con el ganado. Por último, usó el dinero que ahorró para comprar su propio rancho. Ana María vive en la misma casa que su abuelo construyó hace mucho tiempo.

Aplica lo que aprendiste

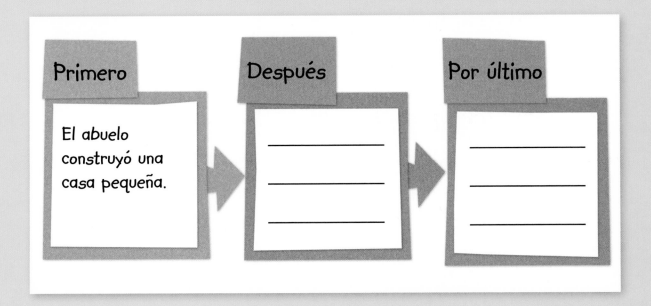

Primero	Después	Por último
El abuelo construyó una casa pequeña.	_____ _____ _____	_____ _____

Esta tabla muestra la secuencia de eventos en la vida del abuelo. ¿Qué sucedió primero? ¿Qué sucedió después? ¿Qué sucedió por último? Copia la tabla y complétala.

Aplica la destreza mientras lees

Mientras lees, busca palabras que den pistas para encontrar la secuencia de los eventos.

Anticipar y preguntar

Las nuevas ideas son más fáciles de comprender cuando escribes lo que aprendiste. Una tabla de S-QS-A, Sé-Quiero saber-Aprendí, te ayuda a anotar datos importantes antes y después de leer.

Practica la destreza

La tabla de S-QS-A de la siguiente página muestra lo que Marcos sabe sobre los carros del pasado. Copia la tabla y agrega más información.

- ¿Qué sabes sobre los carros del pasado? Escríbelo debajo de Sé.

- ¿Qué te gustaría saber sobre los carros del pasado? Escríbelo debajo de Quiero saber.

Tabla de S-QS-A

Sé	Quiero saber	Aprendí
Muchas personas no tenían carros.	¿Dónde se sentaban las personas?	
	¿Tenían aire acondicionado los carros?	

Lee el párrafo. Luego agrega a tu tabla de S-QS-A los datos nuevos que aprendiste.

Los carros del pasado eran diferentes de los carros del presente. Los asientos se colocaban sobre el motor. Las personas los prendían con una manivela de arranque en vez de llaves y los conducían con manubrios especiales. Los carros no tenían ni calefacción ni aire acondicionado.

Aplica la destreza mientras lees

Haz una tabla de S-QS-A para mostrar lo que sabes y lo que quieres saber sobre las familias del pasado. Mientras lees esta unidad, agrega datos a la tabla para mostrar lo que aprendiste.

Cuando yo era joven

por James Dunbar

ilustrado por Martin Remphry

A Josh le gusta visitar a su abuelita Jenny. Su apartamento está lleno de recuerdos.

—Abuelita, ¿cómo era todo cuando eras joven? —pregunta Josh.

8

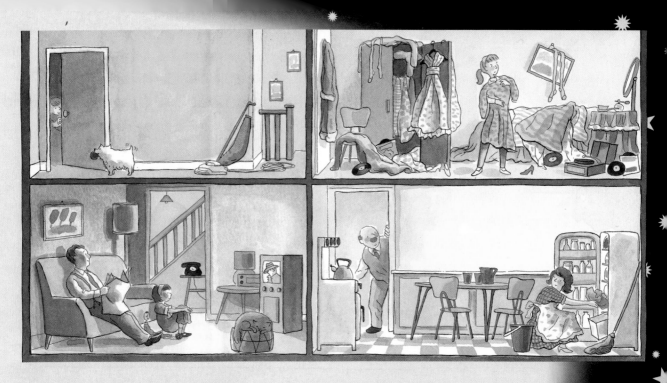

Su abuelita Jenny le contesta:

—Cuando yo era joven, vivíamos en una casa nueva y compramos nuestro primer televisor. Teníamos una cocina con una estufa eléctrica y una nevera. El abuelo Ben nos visitaba los fines de semana. Mi hermana se ponía sus mejores trajes y se iba a bailar todos los sábados en la noche.

Recuerdo que pregunté a mi abuelo
Ben cómo era todo cuando él era joven.
Y mi abuelo contestó:

—Cuando yo era joven, en Inglaterra, mi mamá
y mi papá trabajaban en un hotel grande. Papá
lustraba los carruajes y a veces me dejaba dar de
comer a los caballos. Por primera vez vi un carro en
la calle.

Recuerdo la primera vez que nos tomaron una foto. Este soy yo en mi traje de marinero con mi mamá, mi papá, mi hermano Ted, mi hermana May, mi abuelo Jim y mi abuela Emily.

Le pregunté a mi abuela Emily cómo era todo cuando ella era joven.
Mi abuela me sentó en su falda y contestó:

—Cuando yo era joven, recuerdo que jugaba en la calle con todos
los otros niños. En la noche, me restregaban en una bañera en la cocina.
Usábamos velas para alumbrar.

Vivíamos en un pueblo en el que
había mucho movimiento. Mi abuelo
Joe me llevaba a menudo a los muelles.
Veíamos cuando llegaban y se iban los
grandes barcos de todo el mundo.

Yo le preguntaba a mi abuelo Joe cómo era todo cuando él era joven. Mi abuelo me sentaba en sus piernas y decía:

—Cuando yo era joven, vivía en el campo. Mi papá y mi abuelo trabajaban en una granja.

Todos ayudaban en el tiempo de la cosecha, hasta mi abuela Polly.

Dos días a la semana, íbamos a la escuela del pueblo. El maestro era muy estricto.

Recuerdo que pregunté a mi abuela Polly cómo era todo cuando ella era joven. Mi abuela me sentó en su falda y contestó:

—Cuando yo era joven, iba a ayudar a mi hermana mayor a una casa grande donde trabajaba. En la cocina, yo lustraba los candelabros, restregaba las mesas y ayudaba a preparar la comida. Arriba, en los cuartos grandes, les quitaba el polvo a los muebles y ayudaba a prender la chimenea.

Recuerdo cuando la feria llegaba a la ciudad.

Había juegos y bailes y puestos de venta.

Muchas veces preguntaba a mi abuelo Will cómo era todo cuando él era joven. Mi abuelo me sentaba en sus piernas y decía:

—Cuando yo era joven, íbamos a todos los mercados del país en los que mi papá y mi abuelo compraban y vendían caballos.

Recuerdo que mi abuela Betty hacía muñecos y juguetes de madera pequeños. Yo le ayudaba a pintar las caras. Mi abuela me dio uno de los muñecos de madera...

Recuerdo que pensé: "Cuando tenga la edad de mi abuela Betty, les voy a contar a mis nietos cómo era todo cuando yo era joven".

Betty
Nació en 1648.

Will
A los 7 años, en 1697.

Polly
A los 7 años, en 1744.

Joe
*A los 7 años,
en 1796.*

Jenny
*A los 7 años,
en 1952.*

Emily
*A los 7 años,
en 1848.*

Josh

Ben
*A los 7 años,
en 1899.*

Responde

Aplícalo   Investiga cómo era la vida de un familiar adulto cuando tenía tu edad.

21

Reflexiona
¿Cómo cambian
las personas y
los lugares con el
tiempo?

✓ Puedes notar
cambios cuando
comparas el
pasado con el
presente.

✓ La historia cuenta
relatos del
pasado.

Vocabulario
historia
pasado
cambio
comunidad
presente

Destreza clave Secuencia

Normas de
California
HSS 2.1, 2.1.2

Las personas y los lugares cambian

La **historia** es el estudio de las cosas que ocurrieron en el **pasado**, o sea, el tiempo anterior al actual. También es el estudio de las personas y los lugares de hace mucho tiempo. Algunas cosas siguen iguales y otras son diferentes.

Un **cambio** ocurre cuando algo se vuelve diferente. Todo cambia: las casas donde vivimos, la ropa que usamos y las maneras de divertirnos. Hoy en día estas cosas son diferentes.

Pasado, década de 1920

Pasado, década de 1920

Las comunidades también cambian. Una **comunidad** es un lugar donde las personas viven y trabajan.

Hace mucho tiempo, tu comunidad tenía un aspecto diferente. Poco a poco, se fueron construyendo casas y calles nuevas. Si observas tu comunidad, puedes darte cuenta de cómo es ahora, en el **presente**.

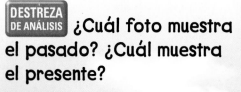 ¿Cuál foto muestra el pasado? ¿Cuál muestra el presente?

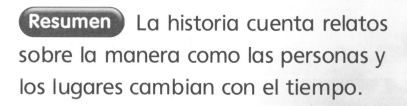
Resumen La historia cuenta relatos sobre la manera como las personas y los lugares cambian con el tiempo.

Repaso

1. ¿Cómo cambian las personas y los lugares con el tiempo?

2. **Vocabulario** ¿Qué puedes aprender de la **historia**?

3. **Redacción** Observa las fotos del pasado que se incluyen en esta lección. Escribe una oración para explicar las diferencias entre las cosas que estas fotos muestran y las cosas que vemos hoy.

4. **Destreza clave** **Secuencia** ¿Qué ocurre primero: el presente o el pasado?

Leer un calendario

❯ Por qué es importante

Necesitas un reloj para saber qué hora es y necesitas un calendario para saber qué día, semana o mes es. Un **calendario** es una tabla que lleva el registro de los días de una semana, un mes o un año.

❯ Lo que necesitas saber

❶ Una semana tiene siete días.

❷ Un mes tiene casi cuatro semanas. La mayoría de los meses tienen 30 o 31 días. Febrero solo tiene 28 días la mayoría de los años, y 29 días algunos años.

❸ Un año tiene 12 meses.

❯ Practica la destreza

❶ ¿Cuántos días tiene este mes?

❷ ¿Qué día de la semana es el 15 de septiembre?

❸ ¿Qué va a pasar el 24 de septiembre?

septiembre

domingo	lunes	martes	miércoles	jueves	viernes	sábado
						1
2 Christa McAuliffe	3 Día del Trabajo	4 Comienzan las clases	5	6	7 Grandma Moses	8
9	10	11	12	13 Clase de arte	14	15
16	17	18 Clase de computación	19	20	21	22
23	24 Orador invitado	25	26	27	28 Clase de música	29
30						

◗ Aplica lo que aprendiste

Aplícalo   Haz una página de un calendario para el próximo mes. Muestra los eventos que ocurrirán en la escuela y otros días importantes que debas recordar.

En busca de mi historia

En clase hablamos de nuestras vidas y yo hice un guión gráfico. En un **guión gráfico** se usan palabras e ilustraciones para mostrar eventos importantes. Un **evento** es algo que ocurre. Ordené los eventos del primero al último.

Nací en El Paso, Texas.

La primera foto fue tomada cuando yo era bebé. La segunda foto es de San Diego, la ciudad a donde se mudó mi familia. La siguiente foto fue tomada el día que se me cayó mi primer diente.

Rico Peralta

Nos mudamos a San Diego, California.

Se me cayó mi primer diente.

La última foto fue tomada cuando fui a México a visitar a mis abuelos. Tuvimos una gran reunión familiar mientras estuve allí. Conocí a tíos, tías y primos que nunca había visto. Me encantó mostrar mi guión gráfico a la clase.

Mi primer viaje en avión.

Patrimonio cultural

Reuniones familiares

Las personas que se mudan lejos de sus familias cuando crecen, se mantienen en contacto por teléfono, carta o correo electrónico. A veces organizan reuniones familiares para divertirse y recordar su historia.

Resumen Un guión gráfico se puede usar para mostrar los eventos importantes en orden.

Repaso

1 ¿En qué orden ocurren los eventos de tu vida?

2 **Vocabulario** ¿Qué tipo de eventos se pueden mostrar en un **guión gráfico**?

3 **Redacción** Haz un guión gráfico sobre algunos eventos de tu vida. Usa el guión gráfico para escribir tu autobiografía, o sea, la historia de tu vida.

4 **Secuencia** ¿Cómo sabes qué fotografía vas a poner al final en un guión gráfico?

Leer una línea cronológica

❯ Por qué es importante

Puedes contar los minutos y las horas con un reloj. Puedes contar los días, las semanas y los meses con un calendario. Una **línea cronológica** te indica cuándo sucedieron las cosas. Esta puede mostrar un período largo o corto de tiempo.

❯ Lo que necesitas saber

Una línea cronológica se lee de izquierda a derecha. Los primeros eventos están a la izquierda. Esta línea cronológica abarca diez años. El comienzo de cada año se muestra con una marca.

2000   2001   2002   2003   2004   2005

Nací en Compton, California.

Me hicieron una fiesta cuando cumplí cinco años.

⫸ Practica la destreza

Una línea cronológica es como un guión gráfico porque muestra eventos importantes y los años en que ocurrieron.

1 ¿Cuándo nació Shelly?

2 A Shelly le regalaron una perrita, ¿antes o después de cumplir cinco años?

3 ¿Cuándo se mudó Shelly a Long Beach?

⫸ Aplica lo que aprendiste

DESTREZA DE ANÁLISIS **Aplícalo** Haz una línea cronológica de algunos eventos de tu vida.

2006   2007   2008   2009   2010

Me regalaron mi primera perrita, Daisy.

Nos mudamos a Long Beach, California.

CASA
A LA VENTA
POR SU DUEÑO

33

Integridad

Respeto

Responsabilidad
Equidad
Bondad
Patriotismo

La importancia del carácter

❓ ¿Cómo muestra respeto por su cultura Amy Tan?

Amy Tan

Amy Tan nació en Oakland, California, pero sus padres nacieron en China. En la década de 1940, salieron de China en busca de un lugar más seguro para vivir. Se mudaron a Estados Unidos.

Cuando Amy era pequeña, su familia vivió en muchos lugares de California. En cada lugar, se tuvo que acostumbrar a una nueva casa y nuevos amigos, así que usó su imaginación para adaptarse a todos esos cambios. También usó su imaginación para escribir. A la edad de 8 años, ganó su primer premio con un ensayo que escribió, titulado "Lo que significa para mí la biblioteca".

Amy Tan es una autora asiática americana.

Amy Tan comparte su patrimonio chino en sus cuentos infantiles.

Los cuentos de Amy Tan tratan de la historia de su familia.

Amy Tan todavía escribe, pero ahora, la mayoría de sus cuentos tratan de su familia. Ella forma parte de dos mundos porque es una americana con antepasados chinos. Vive en la moderna ciudad de San Francisco, California, pero también recuerda las tradiciones de su familia. Los libros que escribe son una manera de honrar la historia de su familia.

APRENDE
en línea
Visita MULTIMEDIA BIOGRAPHIES en **www.harcourtschool.com/hss** para hallar biografías multimedia.

Biografía breve

1952   Presente

Fechas importantes

1969 Termina la secundaria en Suiza.

1985 Toma una clase de redacción que la estimula a escribir su primer libro.

1989 Publica su primer libro que en español se titula: <u>El club de la buena estrella</u>.

La historia de una familia

Reflexiona
¿Cómo podemos aprender sobre la historia de una familia?

✔ Toda familia tiene su propia historia.

✔ Podemos encontrar información sobre el pasado de una familia en muchas fuentes.

Vocabulario
antepasado
objeto del pasado
fuente
patrimonio cultural

Destreza clave Secuencia

Normas de California
HSS 2.1.1

—Háblame de mi familia—. A Lan Nguyen le encanta escuchar los relatos sobre la historia de su familia que le cuenta su mamá.

—Tus **antepasados** son los miembros de tu familia que nacieron mucho antes que tú. Ellos vivían en Vietnam. Tu papá y yo también nacimos en Vietnam —le dice su mamá.

—Vietnam es un país grande de Asia. Tu papá y yo no nos conocimos cuando vivíamos allá. Nos conocimos aquí, en California, después de que nos vinimos a vivir a Estados Unidos.

Su mamá tiene un baúl lleno de **objetos del pasado**. Ella le dice: —Estos objetos del pasado pertenecen a nuestra familia. Son una **fuente** de información sobre la historia de nuestra familia.

Dentro del baúl hay un abanico, unas monedas, un juego de pinturas y una flauta. Su mamá saca la flauta y dice: —Mi papá nos tocaba esta flauta todas las noches. Él me enseñó a tocar—. Ella toca una canción en la flauta y agrega: —Esa canción es parte del patrimonio cultural de nuestra familia. El **patrimonio cultural** es algo que heredamos de nuestros antepasados.

Su mamá continúa: —Yo tenía tu edad cuando me vine a vivir a Estados Unidos. Este era mi vestido favorito. Lo usé el día que me mudé aquí—. Lan baila con el vestido mientras su mamá toca otra canción.

Su mamá abre el álbum de recortes de la familia. Está lleno de recortes y fotos.

Lan lee una noticia sobre las obras de arte de su papá. Algunas de sus pinturas están colgadas en las paredes de su casa. —A tu papá le encantaba exhibir sus pinturas —dice su mamá.

—¿Cuándo se tomaron estas fotos? — pregunta Lan.

—Las tomamos en la primera celebración Tet a la que te llevamos —le contesta su mamá.

2 de octubre de 1999

Noticias locales y estatales

Exhibición de arte de un artista local

Las pinturas de Tran Nguyen se exhibirán en la Universidad durante el mes de octubre.

Tet 2003

—Cuéntame más cosas sobre nuestra historia —dice Lan. Ella quiere oír todas las historias de su mamá.

Resumen Podemos usar muchas fuentes para aprender sobre la historia de una familia.

Los niños en la historia

Refugiados vietnamitas

A raíz de la larga guerra en Vietnam, muchas personas se sentían en peligro. Se querían ir, pero no las dejaban. Algunas huyeron. Había muchos niños. Se escondieron con sus familias en botes pequeños y atestados. Navegaron atemorizados por largos días, esperando encontrar un lugar seguro.

Repaso

1  ¿Cómo podemos conocer la historia de una familia?

2 **Vocabulario** ¿Cuáles son algunos **objetos del pasado**?

3 **Actividad** Entrevista a un familiar. Pídele que te cuente una historia de la familia.

4 **Secuencia** Tus antepasados, ¿vivieron antes o después que tú?

Leer un diagrama

▶ Por qué es importante

Un **diagrama** es una ilustración que muestra las partes de algo. Un árbol genealógico es un tipo de diagrama que muestra las partes de una familia. También puede describir su historia.

Mai Pham

Tung Pham

Kim Nguyen

Huong Nguyen

Hanh Nguyen

Tran Nguyen

Lan Nguyen

Lo que necesitas saber

Este árbol genealógico describe la familia de Lan Nguyen. Nos muestra a Lan, sus padres y sus abuelos.

Practica la destreza

1 ¿Dónde puedes hallar a los más jóvenes en un árbol genealógico?

2 ¿Quiénes son las personas que están en el medio en este árbol genealógico?

3 ¿Cómo se llaman los abuelos de Lan?

Aplica lo que aprendiste

Aplícalo   Haz un árbol genealógico que describa a tu familia.

Descubrir la historia familiar

Los objetos del pasado son fuentes primarias en el estudio de la historia. Las personas también son fuentes primarias. Ambas fuentes te pueden dar información sobre las cosas que sucedieron en el pasado.

historias familiares

① ¿Cómo son una fuente de información las personas?

narradora

artista de personajes históricos

2 ¿Cómo son una fuente de información los lugares?

lugares restaurados

objetos históricos

estatuas

3 ¿Cómo son una fuente de información los objetos del pasado?

objetos especiales

periódicos

certificados

boletos de eventos importantes

fotos

grabaciones
y películas

Analiza las fuentes primarias

Aplícalo   Investiga tres cosas sobre la historia de tu familia o tu comunidad. Usa diferentes fuentes para cada una: una persona, un lugar y un objeto del pasado.

APRENDE en línea   Visita PRIMARY SOURCES en **www.harcourtschool.com/hss** para hallar fuentes primarias.

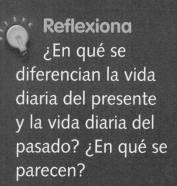
La vida diaria en el pasado y el presente

Reflexiona
¿En qué se diferencian la vida diaria del presente y la vida diaria del pasado? ¿En qué se parecen?

✓ La vida diaria cambia con el tiempo.

✓ Las tradiciones unen el presente con el pasado.

Vocabulario
transporte
tradición
comunicación

 Destreza clave Secuencia

 Normas de California
HSS 2.1, 2.1.2

Bobby Dodd vive en una granja que su familia ha tenido desde hace muchos años. Bobby vive en una casa vieja y juega en un gran establo donde en una época había muchos caballos.

Hace mucho tiempo, los caballos se usaban en las granjas para llevar a cabo diversos trabajos. Jalaban los arados por los campos y servían como medio de transporte. El **transporte** es el traslado de personas y bienes de un lugar a otro. Los caballos jalaban las carretas hasta el pueblo, y también los coches para llevar a las personas hasta donde querían ir.

Hoy en día, el papá de Bobby ara con un tractor. Bobby va a la escuela y regresa a su casa en un autobús. En vez de los caminos de tierra del pasado, ahora hay caminos pavimentados.

Hace mucho tiempo, los antepasados de Bobby bombeaban agua a mano y usaban velas para alumbrar. La casa se mantenía fresca con la sombra de los árboles. Las personas cocinaban con leña.

Ahora, Bobby solo tiene que abrir una llave para obtener agua. En su casa se usa electricidad para alumbrar, tener aire frío y para cocinar.

Cada año, la familia de Bobby hace un gran picnic. Esta es una **tradición**, o sea, una manera de hacer algo que se transmite de familia en familia. Amigos y familiares se divierten en el picnic haciendo algunas cosas que se hacían en el pasado, como jugar con herraduras, bailar y hacer helado.

La tradición es importante para la familia de Liz Fong. Sus antepasados se mudaron a California desde China hace mucho tiempo. La abuela de Liz le enseñó la tradición de la caligrafía. En este tipo de escritura, Liz usa un pincel para formar caracteres chinos.

A veces, Liz usa su computadora para enviar correos electrónicos a sus amigos. La escritura y los correos electrónicos son tipos de comunicación. La **comunicación** es la transmisión de ideas e información.

ASIA

AMÉRICA DEL NORTE

La comunicación

Hoy en día, la comunicación es más rápida que nunca. Las nuevas formas de comunicación conectan a las personas de todo el mundo. ¿Cómo han mejorado estos aparatos la comunicación?

① satélite

② televisión

③ teléfono

④ computadora

Resumen Las vidas de las familias han cambiado en muchos aspectos, pero algunas cosas permanecen iguales.

Repaso

① ¿En qué se diferencian la vida diaria del presente y la vida diaria del pasado? ¿En qué se parecen?

② **Vocabulario** ¿Cómo ha cambiado el **transporte**?

③ **Actividad** Haz una tabla para comparar y contrastar la vida de tu familia en el pasado y el presente.

④ **Secuencia** ¿Qué cosas eran diferentes en la vida de las personas antes de que hubiera electricidad?

Puntos de vista

¿Qué opinas?

¿Cómo han mejorado tu vida los cambios que han ocurrido con el tiempo?

John

"Puedo llamar a mis amigos con mi teléfono celular".

Latisha

"Puedo hacer mis tareas en la computadora".

Datos del pasado

Johannes Gutenberg: Comunicación

Hace mucho tiempo, los libros se escribían a mano y por eso había muy pocos. Hacia el año 1450, Johannes Gutenberg inventó una manera rápida de imprimir libros. Así, más personas pudieron comunicar sus ideas.

54

Carrie

"Puedo ir en avión a visitar a mi abuelita".

Sr. Pérez

"Me gusta cuando mi nieto me escribe correos electrónicos, pero también cuando me envía una tarjeta por correo".

Sra. Patel

"Puedo comprar comidas congeladas en la tienda".

DESTREZA DE ANÁLISIS

Es tu turno

- ¿Establecen una diferencia en tu vida algunos de estos cambios? Si es así, ¿cuáles?
- ¿Qué cambios han hecho más fácil tu vida o la han mejorado?

Los cuentos de mi abuelita

por Jorge Argueta

ilustrado por Ana Ochoa

Los cuentos de Mita
hacen que su rancho
se llene de estrellas

Mita's stories
filled her shack
with stars

Los cuentos de Mita
nos dibujan
sonrisas en el rostro

Mita's stories
put smiles
on our faces

Los cuentos de Mita
son tan viejos
como las montañas

Mita's stories
are old
like the mountains

Los cuentos de Mita
son como el canto
de los grillos

Si cierro los ojos
los escucho
en el viento

Mita's stories
are like the songs
of the crickets

If I close my eyes
I hear them
in the wind

Responde

¿Con qué compara el autor
los cuentos de Mita?

57

Avila Adobe

Prepárate

Don Francisco Avila construyó Avila Adobe en 1818. Es la casa más antigua de Los Angeles. En 1971, un terremoto la dañó, pero ya la repararon. Hoy en día, Avila Adobe es un museo. Allí los visitantes pueden ver objetos del pasado que muestran cómo vivía una familia en la década de 1840.

Ubícalo
California

Los Angeles

Observa

horno de barro

58

Esta pareja está bailando la danza tradicional llamada jarabe tapatío.

cocina

dormitorio

sala

Un paseo virtual

APRENDE en línea

Visita VIRTUAL TOURS en www.harcourtschool.com/hss para realizar un paseo virtual.

Repaso

Las familias Las familias de hoy son diferentes de las que vivieron hace mucho tiempo. Pero algunas cosas todavía son iguales.

Destreza clave Secuencia

Lee el siguiente párrafo y completa la tabla para mostrar lo que aprendiste sobre los eventos en la historia de una familia.

Los antepasados de Lan Nguyen llegaron a California hace mucho tiempo. Primero, salieron de Vietnam en un barco. Después, sus padres se conocieron y se casaron. Por último, compraron la casa en la que Lan vive actualmente.

Primero	Después	Por último
Los antepasados de Lan salieron de Vietnam.	_____ _____	_____ _____

Usa el vocabulario

Escribe la palabra que completa cada oración.

① Vivimos en una _____ de personas en el sur de California.

② Mis _____ vinieron de Escocia hace mucho tiempo.

③ Esta pintura antigua es un _____.

④ Los eventos que sucedieron en el pasado son parte de la _____.

⑤ Escribir una carta es un tipo de _____.

> **historia**
> (pág. 22)
> **comunidad**
> (pág. 24)
> **antepasados**
> (pág. 36)
> **objeto del pasado**
> (pág. 37)
> **comunicación**
> (pág. 52)

Recuerda los datos

⑥ ¿Cómo han cambiado las comunidades con el transcurso del tiempo?

⑦ ¿Cómo podemos mostrar en orden los eventos importantes?

⑧ ¿De qué manera ha cambiado el transporte?

⑨ ¿Cuál de estos es un diagrama que muestra las partes de una familia?

    A calendario   **C** línea cronológica

    B guión gráfico   **D** árbol genealógico

⑩ ¿Cuál de estos es un tipo de comunicación?

    A electricidad   **C** carros

    B correo electrónico   **D** caminos

Piensa críticamente

11 DESTREZA DE ANÁLISIS ¿Cómo nos pueden ayudar en el futuro las tradiciones del pasado?

12 Aplícalo ¿Cómo hace tu patrimonio cultural que tu familia sea especial?

Aplica las destrezas

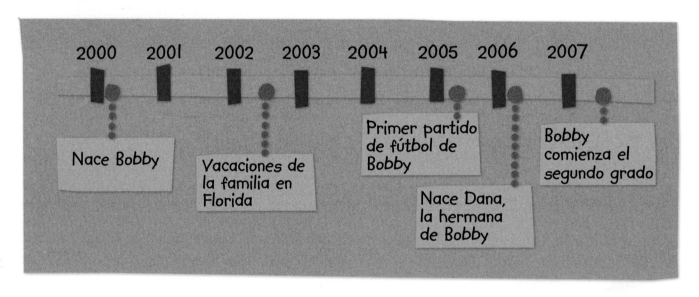

2000 2001 2002 2003 2004 2005 2006 2007

Nace Bobby

Vacaciones de la familia en Florida

Primer partido de fútbol de Bobby

Nace Dana, la hermana de Bobby

Bobby comienza el segundo grado

13 ¿En qué año nació Bobby?

14 ¿Cuándo fue el primer partido de fútbol de Bobby?

15 Dana nació, ¿antes o después de las vacaciones de la familia?

16 ¿Cuándo comenzó Bobby el segundo grado?

Aplica las destrezas

noviembre

domingo	lunes	martes	miércoles	jueves	viernes	sábado
				1	2	3
4	5	6 Elecciones VOTA	7	8	9 Excursión	10
11 Día de los Veteranos	12	13	14	15	16	17
18	19	20	21	22 Día de Acción de Gracias	23	24
25	26	27	28	29	30	

⑰ ¿En qué día de la semana comienza noviembre?

⑱ ¿Qué sucede el 9 de noviembre?

⑲ ¿Cuándo es el Día de los Veteranos?

⑳ ¿Qué día de fiesta se celebra el 22 de noviembre?

Lecturas adicionales

Recuerdos familiares
por Jordan Brown

La vida en la década de 1950
por Jordan Brown

La isla Angel
por Jordan Brown

Muestra lo que sabes

Actividad de redacción

Regresa al pasado Piensa en cómo era tu comunidad hace 100 años. ¿Cómo viajaban las personas? ¿Qué hacían para divertirse?

Escribe una entrada de un diario Describe un día de tu vida hace 100 años.

Proyecto de la unidad

Guión gráfico Diseña un guión gráfico de la historia de tu familia.

- Entrevista a algunos familiares.
- Recopila fotos o haz dibujos de tu familia.
- Ordena los dibujos o las fotos.
- Muestra tu guión gráfico a los demás.

APRENDE en línea

Visita ACTIVITIES en **www.harcourtschool.com/hss** para hallar otras actividades.

La tierra a nuestro alrededor

 Comienza con las normas

2.2 Los estudiantes demuestran sus destrezas con mapas describiendo las ubicaciones absolutas y relativas de personas, lugares y ambientes.

La gran idea

La tierra

Los mapas nos ayudan a aprender sobre la tierra y los lugares que nos rodean. En un mapa se pueden hallar diferentes tipos de tierra y agua.

Reflexiona

✔ ¿Cómo nos ayudan los mapas a ubicar lugares?

✔ ¿Cómo usan la tierra los habitantes de California?

✔ ¿Cuáles son algunos accidentes geográficos y países del continente de América del Norte?

✔ ¿Por qué las personas se mudan de un lugar a otro?

Muestra lo que sabes

★ Prueba de la Unidad 2

✏ Redacción: Escribe una carta

🖍 Proyecto de la unidad: Tablero de anuncios de geografía

La tierra a nuestro alrededor

Habla sobre
la tierra

" Las personas visitan California para ver el Parque Nacional Yosemite ".

"Mi brújula me ayuda a no perderme".

"La tierra tiene todavía el mismo aspecto que tenía hace tiempo, cuando las familias llegaron aquí".

vocabulario

ubicación El lugar donde está algo. (página 76)

país Un área de terreno con sus propios habitantes y leyes.

(página 90)

accidente geográfico
Un tipo de terreno que posee una forma especial, como una montaña, una colina o una llanura.

(página 92)

puntos cardinales   Los cuatro puntos principales de referencia son: norte, sur, este y oeste. (página 96)

inmigrante   Una persona que llega de otro país a vivir en un país nuevo.

(página 103)

APRENDE
en línea

Visita **www.harcourtschool.com/hss** para hallar recursos en Internet para usar con esta unidad.

La lectura en los Estudios Sociales

Destreza clave ⭐ **Comparar y contrastar**

Mientras lees, asegúrate de comparar y contrastar. Esto te ayudará a comprender lo que lees.

● Para comparar, piensa en qué se parecen las personas, los lugares o las cosas.

● Para contrastar, piensa en qué se diferencian las personas, los lugares o las cosas.

Practica la destreza

Lee el siguiente párrafo.

Comparar · **Contrastar**

Santa Monica y South Lake Tahoe son dos ciudades de California. En Santa Monica, los turistas pueden nadar o practicar surf en el mar. En South Lake Tahoe, pueden hacer caminatas en los bosques o esquiar y practicar snowboarding en las montañas. En ambas ciudades pueden pescar y disfrutar de muchas otras actividades.

Santa Monica

South Lake Tahoe

Santa Monica	Ambos	South Lake Tahoe
Natación	Están en California.	Caminatas
_____	_____	_____
_____	_____	_____

Esta tabla muestra en qué se parecen y en qué se diferencian estas dos ciudades de California. ¿Qué le puedes agregar? Copia la tabla y complétala.

Aplica la destreza mientras lees

Mientras lees esta unidad, busca la manera de comparar y contrastar los lugares donde viven las personas.

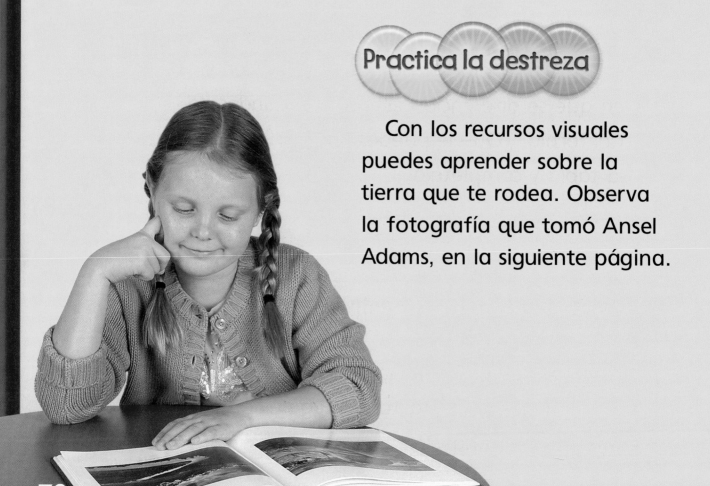

Destrezas de estudio

Usar recursos visuales

Los dibujos y las fotografías son recursos visuales. Los recursos visuales te ayudan a comprender las palabras que lees. Hacer preguntas sobre los recursos visuales te ayuda a aprender más sobre un tema.

Practica la destreza

Con los recursos visuales puedes aprender sobre la tierra que te rodea. Observa la fotografía que tomó Ansel Adams, en la siguiente página.

70

Contesta estas preguntas sobre la tierra que se muestra en la fotografía.

- Esta tierra, ¿se parece al lugar donde vives? ¿En qué se parece? ¿En qué se diferencia?

- ¿Cómo crees que las personas usan esta tierra?

Aplica la destreza mientras lees

Mira con atención las páginas de esta unidad y observa los recursos visuales. Mientras lees, estudia los dibujos y fotografías para aprender más sobre la tierra que te rodea.

Cómo se convirtió en océano la pradera

por Joseph Bruchac

ilustrada por David McCall Johnston

Las tradiciones de muchas personas incluyen la narración. Una leyenda es un tipo de narración que enseña una lección o ayuda a explicar algo. Esta es una leyenda del pueblo yurok.

Hace mucho tiempo, cuando no existían los seres humanos, el océano era una llanura sin árboles. Trueno se detuvo y miró la tierra. Sabía que las personas llegarían allí muy pronto.

—¿Cómo podrán sobrevivir los seres humanos? —Trueno se dirigió a su compañero Terremoto—. ¿Qué crees? —le preguntó—. ¿Debemos colocar agua aquí?

Terremoto pensó. —Creo que debemos hacer eso —respondió—. Lejos de aquí, al final de la tierra, hay agua. Allí nadan los salmones.

Entonces Terremoto y Pantera de las aguas fueron al final de la tierra donde estaba el océano. Tomaron dos enormes conchas de abulón, las llenaron con agua salada y se las llevaron a Trueno.

Terremoto comenzó a caminar en todas direcciones. Mientras lo hacía, la tierra se hundía a sus pies. Pantera de las aguas llenó la tierra hundida con el agua salada.

Ahora había un océano donde antes solo estaba una llanura sin árboles. Trueno bajó por las montañas y trajo árboles para que crecieran en la tierra. Las focas, los salmones y las ballenas nadaron a través de las hondonadas formadas por la tierra hundida.

Junto al océano, la tierra produjo colinas y los animales bajaron de las montañas: venados, alces, zorros y conejos.

—Ahora este es un buen lugar para los seres humanos —dijo Trueno.

—Este es un buen lugar —afirmó Terremoto—. Vivamos aquí también.

Y, hasta el día de hoy, Trueno y Terremoto viven allí, cerca del lugar donde ellos convirtieron la tierra en océano para los seres humanos.

Responde

1. ¿Qué explica esta leyenda?

2. **Aplícalo** ¿Cómo se describe a California en esta leyenda?

Diferentes tipos de mapas

Reflexiona
¿Cómo nos ayudan los mapas a ubicar lugares?

✓ Hay muchos tipos de mapas.

✓ Los mapas nos ayudan a encontrar ubicaciones.

Vocabulario
ubicación
título del mapa
leyenda del mapa

Comparar y contrastar

Normas de California
HSS 2.2, 2.2.2

Hay muchos tipos de mapas. Los mapas muestran la **ubicación**, o sea, dónde están los lugares. Algunos mapas muestran áreas pequeñas, como parques. Otros muestran áreas grandes, como ciudades, países o continentes.

Los mapas tienen palabras e ilustraciones que nos ayudan a encontrar lugares. Este mapa de calles muestra las ubicaciones de algunos lugares en las calles de una ciudad. Lee el **título del mapa** para descubrir de qué trata el mapa. Por lo general, el título de un mapa está en la parte superior. Lee la **leyenda del mapa** para descubrir lo que representan los símbolos.

DESTREZA DE ANÁLISIS ¿En qué calle están las tiendas?

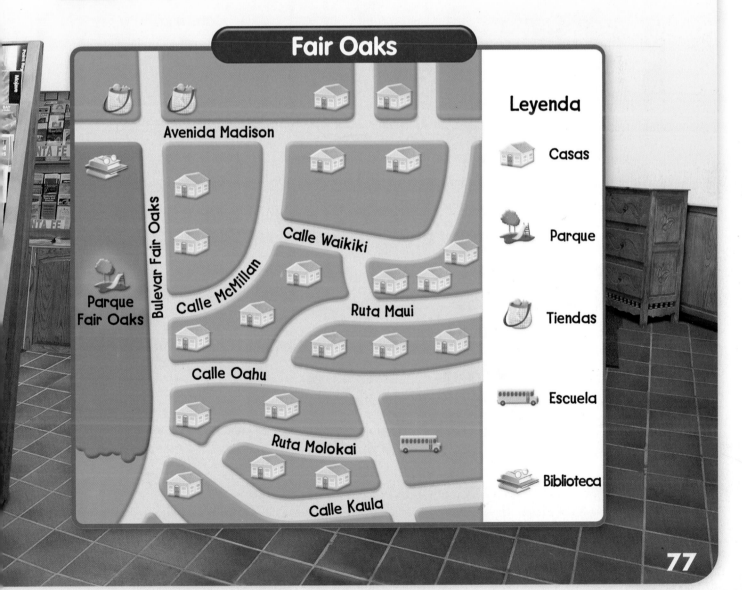

Fair Oaks

Avenida Madison
Bulevar Fair Oaks
Calle Waikiki
Calle McMillan
Parque Fair Oaks
Ruta Maui
Calle Oahu
Ruta Molokai
Calle Kaula

Leyenda
Casas
Parque
Tiendas
Escuela
Biblioteca

Con un mapa, también puedes hallar lugares que están bajo techo. Este tipo de mapa se llama plano interior. El plano interior de esta página muestra la ubicación de los salones dentro de una escuela.

DESTREZA DE ANÁLISIS ¿Qué salones están al lado del salón de arte?

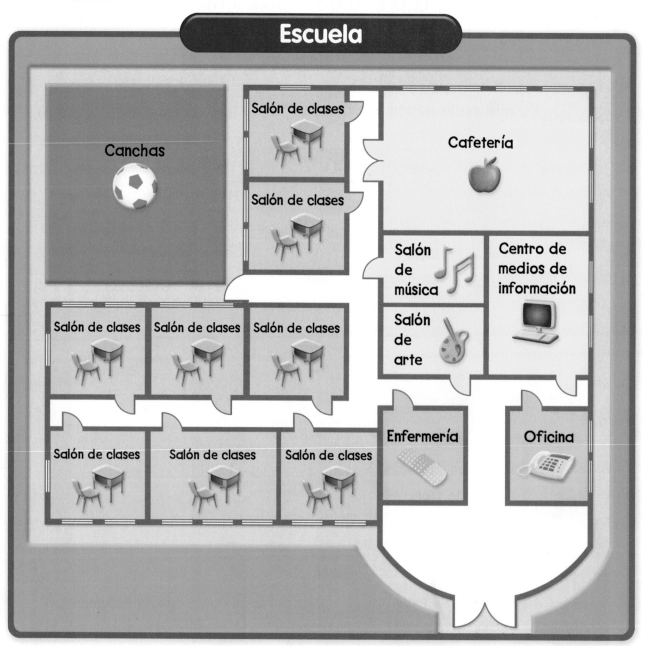

Mapa de un rancho

Los mapas han existido durante mucho tiempo. Este mapa, hecho en 1841, aproximadamente, muestra la tierra que rodeaba un rancho en el condado de Monterey, California. Al igual que los mapas actuales, muestra lugares y cosas, como montañas y ríos. Hasta tiene la ilustración de un oso que, a menudo, merodeaba por el rancho. ¿Cómo pudo ayudar este mapa a un ranchero?

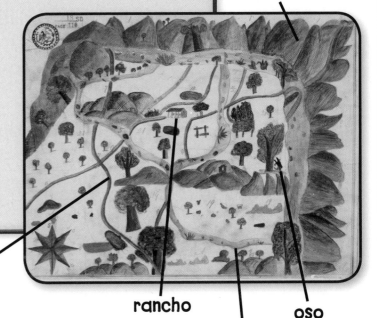

montaña

camino

rancho

río

oso

Resumen Usamos diferentes tipos de mapas para ubicar lugares.

Repaso

1. ¿Cómo nos ayudan los mapas a ubicar lugares?

2. **Vocabulario** ¿Qué muestra la **leyenda del mapa**?

3. **Actividad** Dibuja un mapa de tu salón de clases. Haz la leyenda para tu mapa.

4. **Destreza clave** **Comparar y contrastar** ¿En qué se parecen un plano interior y un mapa de calles? ¿En qué se diferencian?

79

Leer una cuadrícula

◗ Por qué es importante

Para hallar ubicaciones en un mapa puedes usar una cuadrícula. Una **cuadrícula** es un conjunto de líneas que dividen un mapa en columnas e hileras de casillas.

◗ Lo que necesitas saber

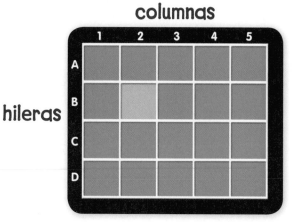

columnas

hileras

❶ Mira la cuadrícula. Pon un dedo en la casilla dorada. Deslízalo hacia la izquierda y la derecha. Esa es la hilera B.

❷ Pon el dedo en la casilla dorada. Deslízalo hacia arriba y hacia abajo. Esa es la columna 2.

❸ La casilla dorada está en la posición B-2 en la cuadrícula.

◗ Practica la destreza

La siguiente es una cuadrícula de la comunidad Red Bud.

❶ ¿En qué casilla está la escuela?

❷ ¿Qué lugar está en la posición B-5?

❸ ¿En qué casilla está la estación de policía?

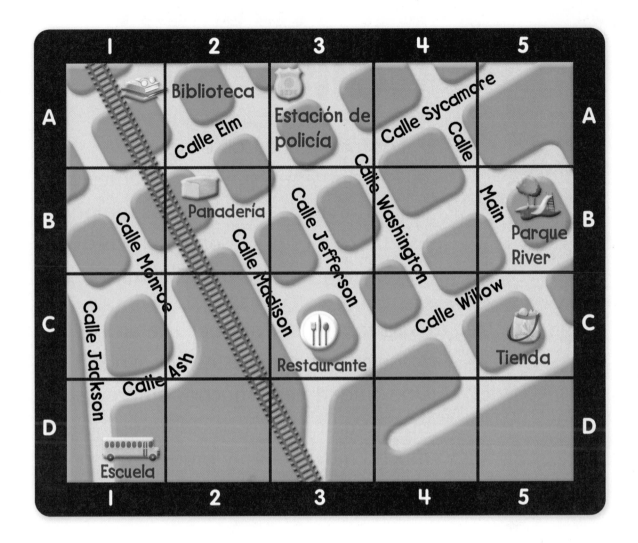

❯ Aplica lo que aprendiste

Aplícalo Haz un mapa de tu comunidad. Dibújale una cuadrícula. Dile a un compañero cuáles son la hilera y la columna de la casilla en la que está ubicado un lugar. Fíjate si puede decirte qué lugar es.

 Practica tus destrezas con mapas y globos terráqueos con el **CD-ROM GeoSkills.**

La vida en California

Reflexiona
¿Cómo usan la tierra los habitantes de California?

✓ Hay áreas urbanas, suburbanas y rurales en California.

✓ Las tierras urbanas, suburbanas y rurales son diferentes entre sí.

Vocabulario
estado
ciudad
urbano
suburbio
rural

Comparar y contrastar

Normas de California
HSS 2.2.4

Los lugares de California se diferencian entre sí. Sus habitantes viven en comunidades de todos los tamaños. Esa tierra y esas personas son las que conforman el **estado** de California.

La familia de Michael vive en Los Angeles. Los Angeles es una **ciudad**. Una ciudad tiene muchas empresas, apartamentos y casas. También tiene mucho movimiento y muchas personas. Una ciudad es un área **urbana**.

Los Angeles

La familia de Elena vive en un área suburbana en Agoura Hills. Un **suburbio** es una comunidad más pequeña cerca de una ciudad grande.

Los suburbios son diferentes de las áreas urbanas. Tienen vecindarios más tranquilos, con menos personas y menos tráfico. Sus casas muchas veces tienen jardines más grandes. Algunas personas viven en un suburbio y van a la ciudad a trabajar todos los días.

Agoura Hills

La familia de Kendra vive en una granja en un área rural de Yreka. Las áreas **rurales** están en el campo, lejos de las ciudades. Sus casas y otras edificaciones a veces están lejos unas de otras. Kendra tiene que ir en carro para visitar a sus vecinos. Un área rural es un lugar tranquilo.

Granja de Yreka

Los desiertos calurosos y áridos, como este que está en el Parque Nacional Death Valley, también son áreas rurales.

Este mapa muestra los lugares donde viven las personas en California. Muestra áreas urbanas y rurales, y los suburbios de algunas de las ciudades más grandes. Lee la leyenda del mapa para descubrir qué representan los símbolos.

DESTREZA DE ANÁLISIS ¿Dónde vive la mayoría de las personas en California?

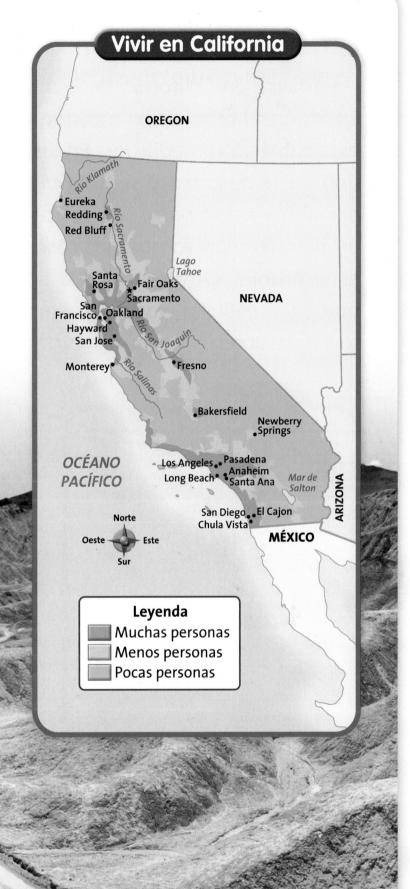

Vivir en California

OREGON

Río Klamath

• Eureka
• Redding
• Red Bluff

Río Sacramento

Lago Tahoe

NEVADA

Santa Rosa
• Fair Oaks
★ Sacramento

San Francisco • Oakland
Hayward •
San Jose •

Río San Joaquín

Monterey •

Río Salinas

• Fresno

• Bakersfield

Newberry • Springs

OCÉANO PACÍFICO

Los Angeles • Pasadena
Long Beach • Anaheim
• Santa Ana

Mar de Salton

ARIZONA

San Diego • El Cajon
Chula Vista •

MÉXICO

Norte
Oeste — Este
Sur

Leyenda
Muchas personas
Menos personas
Pocas personas

El uso de la tierra en California

La tierra en California tiene diferentes usos. En las áreas urbanas, la mayoría de la tierra está cubierta con edificios. En las áreas rurales, una parte de la tierra se usa para cultivar alimentos y otra parte se usa para sembrar árboles. La madera para las casas proviene de estos árboles. Otra parte de la tierra se usa para criar caballos, vacas y ovejas. Los ranchos cubren grandes millas de tierra.

Uso de la tierra en California

Bosque

Agricultura

Pastoreo

OREGON

R. Klamath

Alturas

Eureka Redding

NEVADA

R. Sacramento

Lago Tahoe

Sacramento

Oakland
San Francisco

Modesto

R. San Joaquín

San Jose

Fresno

R. Salinas

OCÉANO PACÍFICO

Desierto de Mojave

Bakersfield

Needles

Santa Barbara

Los Angeles

Palm Springs

Mar de Salton

ARIZONA

San Diego

MÉXICO

Leyenda
- Desierto
- Agricultura
- Bosque
- Pastoreo

Norte
Oeste Este
Sur

DESTREZA DE ANÁLISIS ¿Cómo se usa la tierra que está cerca de Sacramento?

Festival de montaña y de blues Paul Bunyan

Westwood fue una vez uno de los pueblos madereros más grandes del Oeste. Todos los años, este pueblo conmemora su herencia de explotación forestal con un festival. En el centro de Westwood, hay una estatua de 24 pies de altura de Paul Bunyan, el leñador del cuento folclórico conocido con el mismo nombre.

Resumen La manera en que se usa la tierra depende de si esa tierra está en un área urbana, un suburbio o un área rural.

Repaso

1. ¿Cómo usan la tierra los habitantes de California?

2. **Vocabulario** ¿Por qué a algunas personas les gusta vivir en un **suburbio**?

3. **Redacción** Escribe tres oraciones que describan la manera en que la tierra se usa en California.

4. **Comparar y contrastar** ¿En qué se diferencia un área urbana de un área rural?

Usar la escala del mapa

◗ Por qué es importante

Un mapa muestra un lugar mucho más pequeño de lo que realmente es. La **escala del mapa** es una parte del mapa que te ayuda a hallar la distancia real. También te ayuda a descubrir la distancia que hay entre un lugar y otro.

◗ Lo que necesitas saber

Paso 1 Coloca una franja de papel entre dos lugares en un mapa.

Paso 2 Marca cada lugar en el borde del papel.

Paso 3 Coloca el papel a lo largo de la escala del mapa con una de las marcas en cero. Observa a qué distancia de la segunda marca está.

◗ Practica la destreza

1. ¿Cuántas millas hay desde Fresno hasta Barstow?

2. ¿Qué distancia hay entre Redding y Sacramento?

3. ¿Qué distancia hay entre Barstow y San Diego?

California

OREGON

Lago Goose

Río Klamath

Eureka

Redding

Red Bluff

Río Sacramento

NEVADA

Lago Tahoe

Fair Oaks
Sacramento

Sonoma

Río San Joaquín

San Francisco

San Jose

Bishop

Santa Cruz

Río Salinas

Fresno

OCÉANO
PACÍFICO

Bakersfield

Barstow

Santa Barbara

Norte

Oeste ✦ Este

Sur

Los Angeles

Mar de
Salton

ARIZONA

0   50   100   150   200 millas
0   50   100   150   200 kilómetros

San Diego

MÉXICO

❯ Aplica lo que aprendiste

DESTREZA DE ANÁLISIS **Aplícalo** Busca tu comunidad en un mapa. Usa la escala del mapa para medir la distancia de tu comunidad a otros lugares.

 Practica tus destrezas con mapas y globos terráqueos con el **CD-ROM GeoSkills.**

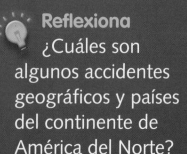
América del Norte

Reflexiona
¿Cuáles son algunos accidentes geográficos y países del continente de América del Norte?

✓ Hay muchos accidentes geográficos en América del Norte.

✓ En un mapa de América del Norte, puedes ver sus países, accidentes geográficos y masas de agua.

Vocabulario
país
accidente geográfico

Destreza clave **Comparar y contrastar**

Normas de California
HSS 2.2, 2.2.2

Estados Unidos de América es el nombre de nuestro país. Un **país** es un área de terreno con sus propios habitantes y sus propias leyes. Nuestro país está ubicado en el continente de América del Norte.

Hay otros países en América del Norte. Canadá y México, nuestros vecinos, son países grandes. América Central tiene muchos países pequeños que también forman parte de América del Norte.

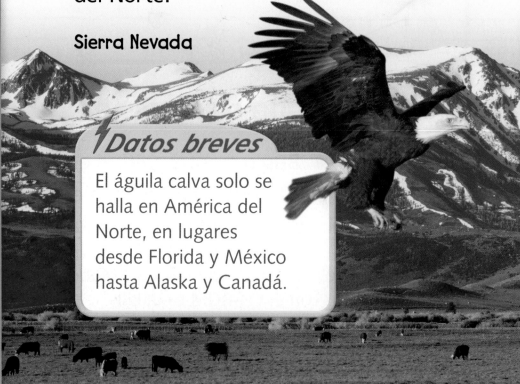

Sierra Nevada

⚡ *Datos breves*

El águila calva solo se halla en América del Norte, en lugares desde Florida y México hasta Alaska y Canadá.

América del Norte

GROENLANDIA
(DINAMARCA)

ALASKA
(ESTADOS UNIDOS)

CANADÁ

ESTADOS UNIDOS

OCÉANO
ATLÁNTICO

OCÉANO
PACÍFICO

Norte
Oeste — Este
Sur

MÉXICO

0   500   1,000 millas
0   500   1,000 kilómetros

BELICE
HONDURAS
GUATEMALA   NICARAGUA
EL SALVADOR
PANAMÁ
COSTA
RICA

**DESTREZA
DE ANÁLISIS** ¿Por qué Alaska, en la parte superior izquierda
de Canadá, tiene el mismo color que Estados Unidos?

Accidentes geográficos

La tierra de América del Norte no es igual en todas partes. Si un águila volara sobre América del Norte, vería muchos accidentes geográficos diferentes. Un accidente **geográfico** es un tipo de terreno que posee una forma especial.

El águila vería llanuras o tierra plana en la parte central de nuestro país, es decir, en las Grandes Llanuras, que se extienden de Estados Unidos a Canadá.

llanuras

Las cebollas son uno de los muchos alimentos que se siembran en California.

colinas

montañas

El águila también vería muchas colinas.
Una colina es un terreno que se levanta sobre
la tierra que lo rodea. Una montaña es una
colina muy alta. La cima de las montañas puede
estar cubierta de nieve aun en el verano. Un
grupo de montañas se llama cordillera o cadena
montañosa. En América del Norte hay muchas
cadenas montañosas.

Masas de agua

Además de volar sobre la tierra, el águila volaría sobre muchas masas de agua. Las masas de agua más grandes son los océanos. América del Norte se halla entre dos océanos.

DESTREZA DE ANÁLISIS ¿Entre qué dos océanos puedes hallar a América del Norte?

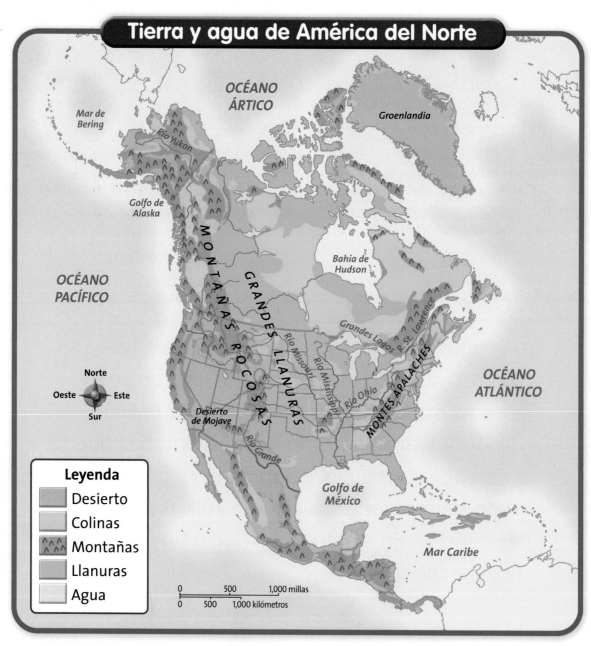

Tierra y agua de América del Norte

OCÉANO ÁRTICO

Mar de Bering

Groenlandia

Río Yukon

Golfo de Alaska

OCÉANO PACÍFICO

Bahía de Hudson

MONTAÑAS ROCOSAS

GRANDES LLANURAS

Río Missouri

Río Mississippi

Grandes Lagos

R. St. Lawrence

MONTES APALACHES

OCÉANO ATLÁNTICO

Río Ohio

Norte
Oeste — Este
Sur

Desierto de Mojave

Río Grande

Golfo de México

Mar Caribe

Leyenda
- Desierto
- Colinas
- Montañas
- Llanuras
- Agua

0   500   1,000 millas
0   500   1,000 kilómetros

Hay ríos y lagos por toda la tierra. Un río es una corriente de agua que fluye por la tierra. Un lago es una masa de agua rodeada de tierra. Los Grandes Lagos son lagos de gran tamaño ubicados en Estados Unidos y Canadá.

Resumen Un mapa de América del Norte muestra los países, los accidentes geográficos y las masas de agua que se hallan en el continente y a su alrededor.

El río más largo de América del Norte es el Mississippi.

Repaso

1 ¿Cuáles son algunos accidentes geográficos y países del continente de América del Norte?

2 Vocabulario ¿Qué **accidente geográfico** puedes hallar en la parte central de Estados Unidos?

3 Actividad Haz un mapa de América del Norte. Rotula los países, los accidentes geográficos y las masas de agua.

4 (Destreza clave) **Comparar y contrastar** ¿En qué se diferencian las montañas de las colinas?

Hallar direcciones en un mapa o globo terráqueo

◗ Por qué es importante

Los puntos cardinales te ayudan a describir la ubicación de los lugares en un mapa o globo terráqueo. Los **puntos cardinales** son: norte, sur, este y oeste.

El **ecuador** es una línea imaginaria que divide la Tierra por la mitad. Puedes indicar que los lugares de la Tierra están al norte o al sur del ecuador.

◗ Lo que necesitas saber

Un **indicador de direcciones** muestra los puntos cardinales en un mapa o un globo terráqueo.

◗ Practica la destreza

① ¿Qué país es vecino de Estados Unidos, al norte?

② ¿Qué país es vecino de Estados Unidos, al sur?

③ ¿En qué dirección viajarías para ir del océano Pacífico al océano Atlántico?

Polo Norte

OCÉANO ÁRTICO

AMÉRICA DEL NORTE *OCÉANO ATLÁNTICO*

Ecuador

AMÉRICA DEL SUR

OCÉANO PACÍFICO

ANTÁRTIDA

Polo Sur

Polo Norte

OCÉANO ÁRTICO

EUROPA **ASIA**

ÁFRICA *OCÉANO PACÍFICO*

Ecuador

OCÉANO ÍNDICO **AUSTRALIA**

ANTÁRTIDA

Polo Sur

Norte

Oeste — Este

Sur

América del Norte

GROENLANDIA
(DINAMARCA)

ALASKA
(ESTADOS UNIDOS)

CANADÁ

OCÉANO
PACÍFICO

OCÉANO
ATLÁNTICO

ESTADOS UNIDOS

Norte

Oeste ✦ Este

Sur

0   500   1,000 millas

0   500   1,000 kilómetros

MÉXICO

Leyenda
—— Frontera

BELICE
HONDURAS

GUATEMALA   NICARAGUA
EL SALVADOR

COSTA   PANAMÁ
RICA

◗ Aplica lo que aprendiste

DESTREZA DE ANÁLISIS **Aplícalo**   Con un compañero, identifica algunos lugares de tu salón de clases, escuela o vecindario. Usa los puntos cardinales para describir cómo llegar a estos lugares desde donde tú estás.

César Chávez
Elementary School
1221 Anderson Road
Davis, CA 95616

 Practica tus destrezas con mapas y globos terráqueos con el **CD-ROM GeoSkills.**

97

Benjamin Banneker

Integridad
Respeto
Responsabilidad
Equidad
Bondad

Patriotismo

La importancia del carácter

❓ ¿Cómo demostró Benjamin Banneker su patriotismo?

Cuando Benjamin Banneker era joven, aprendió por sí mismo muchas cosas. Leyó libros para aprender matemáticas. Estudió el cielo nocturno para aprender sobre las estrellas. Hasta copió las partes del reloj de un amigo e hizo su propio reloj. Más tarde se le conoció por su trabajo como escritor y científico.

Benjamin Banneker ayudó a medir el terreno para la fundación de Washington, D.C.

El servicio postal de EE.UU. emitió una estampilla en honor a Banneker.

Este es un mapa antiguo de Washington, D.C.

Banneker escribió almanaques que daban información sobre el tiempo y otros hechos de interés general.

En 1791, se le pidió a Benjamin Banneker que ayudara a medir un área de terreno. Se esperaba construir allí la nueva capital del gobierno de Estados Unidos. En poco tiempo, el presidente George Washington contrató a Banneker, como uno de tres topógrafos, para trazar la nueva ciudad que más tarde recibió el nombre de Washington, D.C. La labor de Banneker fue importante para su país porque ayudó a la construcción de una gran ciudad para el nuevo gobierno estadounidense.

APRENDE en línea
Visita MULTIMEDIA BIOGRAPHIES en **www.harcourtschool.com/hss** para hallar biografías multimedia.

Biografía breve

1731   **1806**

Fechas importantes

1753 Aprende por sí mismo a construir un reloj

1791 Ayuda a medir el terreno para la nueva capital, Washington, D.C.

1791 Publica su primer almanaque

Mudarse a otros lugares

✔ Los pioneros viajaron por todo Estados Unidos.

✔ Los inmigrantes llegaron a Estados Unidos por muchas razones.

Vocabulario
pionero
inmigrante

Destreza clave Comparar y contrastar

Normas de California
HSS 2.1, 2.2.3

Durante miles de años, los indios americanos fueron los únicos que vivieron en América del Norte. Luego llegaron los pioneros desde otros lugares. Un **pionero** es alguien que hace su hogar en un área nueva.

Las personas visitan la antigua misión de Santa Barbara para recordar el pasado con celebraciones, como este festival artístico.

Algunos de los primeros pioneros de California eran españoles procedentes de México. Construyeron misiones a lo largo de la costa occidental del estado. Estas misiones eran comunidades pequeñas construidas alrededor de iglesias, que tenían tierra buena para los ranchos y las granjas. Con el tiempo, pueblos y ciudades crecieron a su alrededor.

El Camino Real

El Camino Real era un camino que se extendía por más de 600 millas desde San Diego hasta Sonoma. Tenía 21 misiones. Una persona podía caminar desde una misión hasta la próxima en un solo día.

El Camino Real

Leyenda

El Camino Real, 1823

Misión

En el otro lado de Estados Unidos, cerca del océano Atlántico, muchas personas estaban construyendo casas nuevas. Después de un tiempo, algunas comenzaron a irse al oeste en busca de tierras fértiles para la agricultura. Viajaban a pie, a caballo y en carromatos por las llanuras, y más tarde en tren, por las montañas. En poco tiempo, había ranchos, pueblos y ciudades por todo el país.

Valle Strawberry, 1866

"Ve hacia el oeste, muchacho,

Algunas personas llegaron desde el otro lado del océano. Estas personas eran **inmigrantes**, o sea, personas que llegaban de otro país a vivir en este país. Hacían el viaje por diferentes razones. Algunas buscaban trabajo o tierra. Otras, libertad o aventura. Hoy en día, las personas siguen llegando a Estados Unidos por las mismas razones.

Isla Angel, 1925

Aeropuerto internacional de San Francisco, 2004

y crece con el país".

John B.L. Soule, editorial en el Terre Haute Express, 1851

La vida en un nuevo país

No es fácil comenzar de nuevo en otro país. Los inmigrantes tienen que hallar nuevos trabajos y viviendas. A menudo, tienen que aprender un nuevo idioma y nuevas costumbres, o sea, maneras de hacer las cosas.

En esta comunidad de San Francisco, se mantienen el lenguaje, las costumbres y las tradiciones chinas.

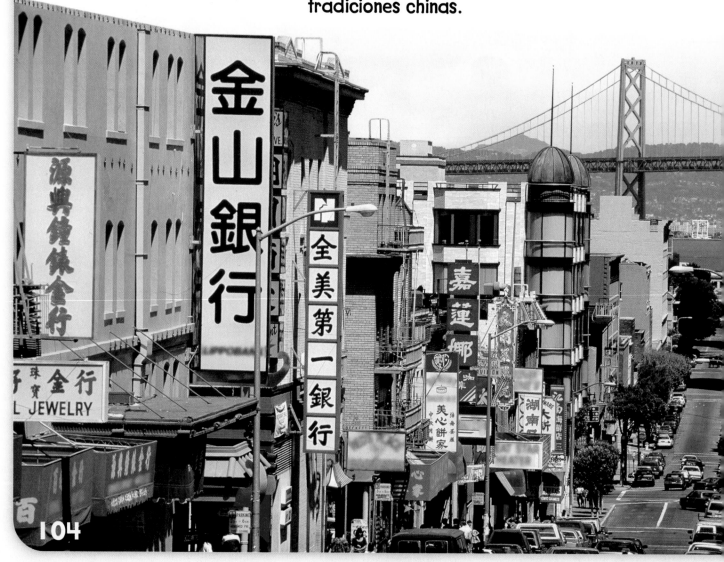

104

Muchos inmigrantes de California han vivido allí poco tiempo. Provienen de países como México, El Salvador, Vietnam e India. Algunos llegaron buscando trabajo y otros, un lugar más seguro para vivir. Conservan parte de su patrimonio cultural a medida que aprenden nuevas costumbres estadounidenses.

Esta comunidad sikh comparte sus tradiciones culinarias en un festival.

Resumen Las personas se mudan de un lugar a otro para buscar trabajo, tierra, libertad y seguridad.

Repaso

1 ¿Por qué las personas se mudan de un lugar a otro?

2 **Vocabulario** ¿De dónde provienen los **inmigrantes**?

3 **Actividad** Entrevista a un familiar. Pregúntale cuándo, cómo y por qué tu familia se mudó a la comunidad donde vives.

4 **Destreza clave** **Comparar y contrastar** ¿En qué se parece un pionero a un inmigrante?

105

Seguir una ruta

❯ Por qué es importante

Un mapa puede mostrar dónde están los lugares y cómo llegar a ellos.

❯ Lo que necesitas saber

El camino que sigues para ir de un lugar a otro se llama **ruta.** Las carreteras son rutas entre pueblos y ciudades, y se identifican con números. Un indicador de direcciones te muestra la dirección en que vas cuando sigues una ruta.

❯ Practica la destreza

1 ¿Qué carretera va desde Sacramento hasta San Diego?

2 ¿En qué dirección viajarías en la carretera 101 para ir desde San Francisco hasta Los Angeles?

3 ¿Qué carretera conecta California con Nevada?

Carreteras de California

OREGON

Lago Goose

Río Klamath

Bosque Nacional Klamath

Bosque Nacional Modoc

Eureka

Redding

101

Red Bluff

Río Sacramento

Bosque Nacional Plumas

5

80

Lago Tahoe

Auburn

NEVADA

Sacramento

Santa Rosa

Sonoma

80

Fair Oaks

Bosque Nacional Eldorado

Sierra Nevada

Stockton

Parque Nacional Yosemite

San Francisco

Bahía de San Francisco

Río San Joaquin

San Jose

Merced

Bishop

Santa Cruz

395

101

Carmel

Fresno

Parque Nacional Death Valley

OCÉANO PACÍFICO

Río Salinas

Cordillera Costera

Desierto de Mojave

5

Bakersfield

Barstow

15

Bosque Nacional Los Padres

40

Norte

Oeste   Este

Sur

Santa Barbara

101

Los Angeles

15

Palm Springs

10

ARIZONA

Mar de Salton

0   100   200 millas

0   100   200 kilómetros

5

San Diego

MÉXICO

Cordillera Costera

Aplica lo que aprendiste

DESTREZA DE ANÁLISIS **Aplícalo**   Haz un mapa para mostrar tu ruta a la escuela. Agrégale un indicador de direcciones.

Practica tus destrezas con mapas y globos terráqueos con el **CD-ROM GeoSkills.**

Amigos del río

Usamos los océanos, los ríos y los lagos todos los días. Lee sobre un grupo de personas que ayuda a mantener el agua de nuestro país limpia y saludable.

En California, hace un tiempo se iba a construir una nueva presa para controlar las aguas del río Stanislaus. Algunas personas no querían que eso sucediera. Pensaban que debían dejar que el río corriera libremente. Los ríos de corriente libre son importantes porque proveen agua para beber y cultivar alimentos. Entonces, las personas que querían proteger el río formaron un grupo llamado Amigos del río.

Los ríos de corriente libre proveen agua limpia para los californianos.

Los ríos son lugares donde podemos pescar, navegar en balsa y en kayak.

Actualmente, el grupo Amigos del río cuenta con casi 6,000 miembros. Se encargan de informar sobre los problemas que pueden tener los ríos y otras corrientes de agua de California. También trabajan para conservar esas masas de agua para el futuro.

Miembros de Amigos del río enseñan cosas importantes sobre el agua.

¿Sabías que...?

¿Sabías que hay maneras en que puedes conservar el agua donde vives? Puedes conservar agua si:

⭐ te bañas en menos tiempo.

⭐ cierras la llave del agua mientras te cepillas los dientes.

Piensa

Aplícalo

¿Por qué debes cuidar las masas de agua de nuestra nación?

CARROMATOS TRAQUETEAN POR LOS CAMINOS

por Verla Kay

ilustrado por S. D. Schindler

Carromatos,
caminos traqueteados.
Bueyes laboriosos,
carga pesada.

Mamá, papá,
el pequeño John,
tratando, luchando,
van adelantando.

Forraje, agua,
armas y herramientas,
testarudas mulas,
cobijas y vestimentas.

Tropiezan, se caen,
¡ay! en un hoyo.
Uno jala, otro mira,
le da hasta que tira.

¡RAYOS! ¡TRUENOS!
Mucha lluvia.
Fangosa, pantanosa,
tierra mojada.

Mamá, papá,
el pequeño John,
empujan adelante,
en lucha constante.

Cansados, agotados,
sudando acalorados,
paran a acampar,
el día terminado.

Hoguera de hierbas,
bistec de culebra,
café colado
y pan de maíz.

Montañas Rocosas,
empinadas y macizas,
por los senderos,
los carromatos se deslizan.

Se desatan, se caen,
las baratijas y baúles,
la estufa y los tesoros
ahora desechados.

El ardiente sol sofoca,
tierra árida y sedienta,
remolinos de polvo,
cielo asfixiante.

Mamá, papá,
el pequeño John,
despacio adelantando,
siguen luchando.

A empujones
el pico alcanzan.
Hoguera, cobijas,
por fin descansan.

Aire frío,
muy frío, helado.
Copos de nieve,
por todos lados.

Se hunden y resbalan
quedan, en la nieve
con ruedas heladas,
los bueyes se paran.

Mamá, papá,
el pequeño John,
caminando con valor,
a pesar del dolor.

Avanzan despacio,
al fin de la jornada.
Praderas, amapolas,
codornices jaspeadas.

Construyen cabañas
los bosques talan.
Madera rústica,
manos a la obra.

Mamá, papá,
el pequeño John,
de franela vestidos,
a dormir se han ido.

Fuertes ventanas,
puertas pesadas,
duermen protegidos,
con felices ronquidos.

Responde

¿En qué se parece la mudanza
de esta familia a un nuevo lugar
a la mudanza de una familia del
presente? ¿En qué se diferencia?

113

Parque Nacional Joshua Tree

Prepárate

El Parque Nacional Joshua Tree está ubicado donde los desiertos de Mojave y Colorado se encuentran. Muchas personas piensan que un desierto es un lugar con poca vida. Pero, los visitantes del parque ven que allí crecen muchos tipos de plantas y animales.

Ubícalo
California

Parque Nacional Joshua Tree

Observa

Los árboles Joshua crecen solo en unos cuantos lugares de América del Norte. En el parque, la mayoría de los árboles crecen en el desierto de Mojave, que tiene un clima un poco más fresco y húmedo que el del desierto de Colorado.

matraca del
desierto

tortuga de
California

pitayita

Las personas y los animales
pueden hallar agua y sombra en
uno de los cinco oasis de palmeras
que hay en el parque.

Un paseo virtual

APRENDE
en
línea

Visita VIRTUAL TOURS en
www.harcourtschool.com/hss
para realizar un paseo virtual.

Repaso

La tierra Los mapas nos ayudan a aprender sobre la tierra y los lugares que nos rodean. En un mapa se pueden hallar diferentes tipos de tierra y agua.

Comparar y contrastar

Copia y completa la tabla de comparar y contrastar para mostrar en qué se parecen y en qué se diferencian las áreas urbanas y los suburbios.

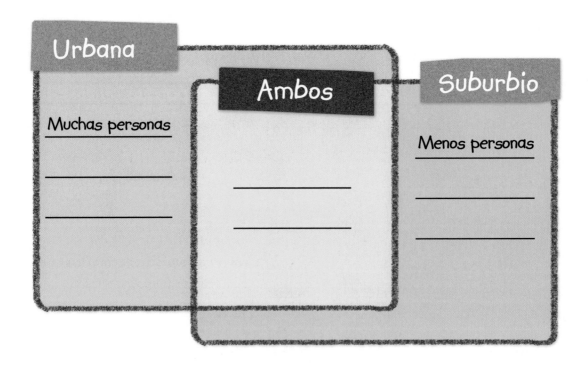

Urbana

Muchas personas
_____
_____

Ambos

_____
_____

Suburbio

Menos personas
_____
_____

Usa el vocabulario

Relaciona las palabras con su significado.

① Un tipo de terreno que posee una forma especial.

② Una persona que llega de otro país a vivir en un país nuevo.

③ Un área de terreno con sus propios habitantes y leyes.

④ El lugar donde está algo.

⑤ Los puntos norte, sur, este y oeste.

ubicación
(pág. 76)

país
(pág. 90)

accidente geográfico
(pág. 92)

puntos cardinales
(pág. 96)

inmigrante
(pág. 103)

Recuerda los datos

⑥ ¿Qué te indica el título de un mapa?

⑦ ¿Cómo se usan las áreas rurales en California?

⑧ ¿Qué nombre recibe un grupo de montañas?

⑨ ¿Quiénes fueron los primeros habitantes de California?

    A los españoles   **C** los indios americanos

    B las personas de la costa este   **D** los habitantes de China

⑩ ¿Por qué los habitantes de la costa este se mudaron al oeste?

    A buscaban tierras de cultivo   **C** querían libertad

    B les gustaba viajar en tren   **D** querían aprender nuevas costumbres

Piensa críticamente

11 **DESTREZA DE ANÁLISIS** ¿De qué manera pueden conservar los inmigrantes sus patrimonios culturales en un país nuevo?

12 **Aplícalo** ¿Cómo cambiarían los viajes que haces con tu familia si no tuvieran mapas?

Aplica las destrezas

Parque Balboa

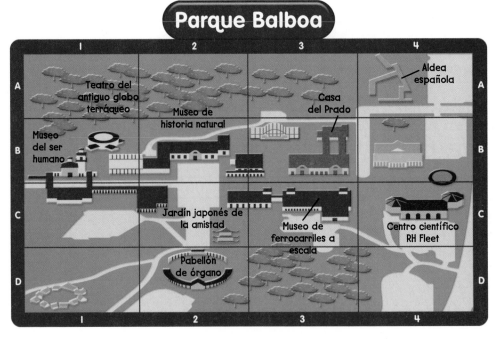

13 ¿En qué casilla está la aldea española?

14 ¿Qué lugar está en la posición D-2?

15 ¿Qué lugar está en la posición B-3?

16 ¿Cuáles son los dos lugares en la posición B-1?

Aplica las destrezas

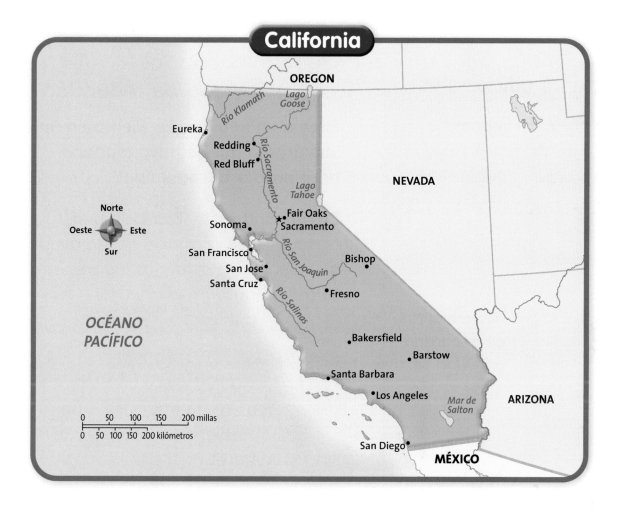

California

OREGON

Río Klamath

Lago Goose

Eureka

Redding

Red Bluff

Río Sacramento

NEVADA

Lago Tahoe

Norte

Oeste — Este

Sur

Sonoma

Fair Oaks
Sacramento

San Francisco

Río San Joaquín

San Jose

Bishop

Santa Cruz

Río Salinas

Fresno

OCÉANO PACÍFICO

Bakersfield

Barstow

Santa Barbara

Los Angeles

Mar de Salton

ARIZONA

0   50   100   150   200 millas
0   50   100   150   200 kilómetros

San Diego

MÉXICO

⑰ ¿Qué ciudad de California está al oeste de Sacramento?

⑱ ¿Qué ciudad está al sur de Los Angeles?

⑲ ¿Qué estado está al norte de California?

⑳ ¿En qué dirección irías si viajaras de Redding, California, a Nevada?

Actividades

Lecturas adicionales

Mapas de ayer y hoy por Susan Ring

Herramientas de geografía por Alan M. Ruben

Cómo crecen y cambian las comunidades por Sheila Sweeny

Muestra lo que sabes

Actividad de redacción

Elige a un inmigrante Piensa en un inmigrante que se haya mudado hace poco a tu comunidad.

Escribe una carta Escríbele una carta. Incluye un mapa que lo ayude a saber dónde están los lugares en tu comunidad.

Proyecto de la unidad

Tablero de anuncios Diseña un tablero de anuncios de geografía.

- Piensa en cómo lo vas a diseñar.
- Recopila materiales.
- Adorna y rotula cada sección.
- Invita a otras clases a ver tu tablero de anuncios.

APRENDE en línea Visita ACTIVITIES en **www.harcourtschool.com/hss** para hallar otras actividades.

El gobierno y las personas

Comienza con las normas

2.3 Los estudiantes explican las instituciones y las prácticas del gobierno de Estados Unidos y de otros países.

La gran idea

El gobierno

Un gobierno hace las leyes para mantener el orden y ayudar a las personas a llevarse bien.

Reflexiona

✓ ¿En qué se parecen y se diferencian las personas de nuestro país?

✓ ¿Cómo hacen y aplican las leyes los gobiernos de la comunidad y el estado?

✓ ¿Quién hace las leyes de Estados Unidos?

✓ ¿Cómo hacen sus leyes otras naciones?

✓ ¿Qué hacen las naciones para llevarse bien unas con otras?

Muestra lo que sabes

★ **Prueba de la Unidad 3**

✏ **Redacción: Escribe una carta**

🖌 **Proyecto de la unidad: Representación de un legislador**

El gobierno y las personas

"La Corte Suprema se asegura de que las leyes sean justas".

"Los ciudadanos estadounidenses se sienten orgullosos de su país".

"Las personas visitan Washington, D.C., para ver muchos edificios del gobierno".

121

vocabulario

ciudadano Una persona que vive en una comunidad y que pertenece a ella.

(página 132)

gobierno Un grupo de ciudadanos que dirige una comunidad, un estado o un país. (página 136)

ley Una regla que los ciudadanos deben obedecer. (página 136)

presidente El líder del gobierno de Estados Unidos. (página 147)

¡Yo voté!

voto Una decisión que se cuenta. (página 150)

APRENDE en línea

Visita **www.harcourtschool.com/hss** para hallar recursos en Internet para usar con esta unidad.

La lectura en los Estudios Sociales

★ Destreza clave
Idea principal y detalles

Cuando leas para obtener información, busca la idea principal y los detalles importantes.

● La idea principal es la parte más importante de lo que estás leyendo. En la mayoría de los párrafos, la primera oración contiene la idea principal.

● Los detalles explican la idea principal. A menudo van después de la idea principal.

Practica la destreza

Lee el siguiente párrafo.

Idea principal
Detalle

En nuestra ciudad se va a construir un nuevo centro comunitario. El centro tendrá suficiente espacio para eventos especiales. También habrá clases y actividades recreativas para adultos, y programas para niños que se realizarán después de las clases. Nuestro centro comunitario ofrecerá algo para todos.

Idea principal

En nuestra ciudad se va a construir un nuevo centro comunitario.

Detalles

Tendrá suficiente espacio para eventos especiales.	_____ _____	_____ _____

Esta tabla muestra la idea principal y un detalle de lo que acabas de leer. ¿Qué otros detalles puedes agregarle? Copia la tabla y complétala.

Aplica la destreza mientras lees

Mientras lees esta unidad, que trata sobre lo que hacen los gobiernos, busca la idea principal y los detalles.

Desarrollar el vocabulario

Puedes usar una red de palabras para aprender nuevas palabras y relacionar ideas. En el centro, se escribe una palabra o idea. A su alrededor, se escriben otras palabras que estén relacionadas con la que está en el centro.

Practica la destreza

Trata de recordar todo lo que sabes sobre una comunidad. Copia la red de palabras de Tina de la siguiente página.

- Agrégale más palabras relacionadas con las comunidades.

- ¿Qué te dicen las palabras sobre una comunidad?

oficinas

personas

comunidad

carreteras

parques

Bienvenidos a California

Aplica la destreza mientras lees

Haz una red de palabras para gobierno. Mientras lees esta unidad, agrégale palabras del vocabulario, ideas importantes y cualquier otra información para mostrar cómo se relacionan.

Aclamamos al líder

por John P. Riley

ilustrado por Ruben De Anda

¿Qué trabajo hace el presidente?

El presidente propone nuevas leyes al Congreso. Quizás el presidente quiera establecer nuevos programas de lectura para ayudar a los niños en edad escolar o facilitar la compra de medicinas a los enfermos. Para que las ideas del presidente se conviertan en leyes, el Congreso debe aprobarlas (estar de acuerdo con ellas) y proveer el dinero para que se puedan llevar a cabo.

El presidente hace cumplir la ley. Es el principal legislador de la nación. Tiene el poder de asegurarse de que los ciudadanos obedezcan las leyes de nuestro país. En tiempos extraordinarios o difíciles, el presidente también puede ordenar a las tropas del ejército que hagan cumplir las leyes.

El presidente es el anfitrión de los líderes de otras naciones. Invita a los líderes de otras naciones a su casa, la Casa Blanca, para reunirse y demostrar la hospitalidad americana. Cuando él y la primera dama son los anfitriones de una cena en honor a los visitantes importantes, el menú incluye, por lo general, comidas favoritas del país del invitado.

El presidente es un símbolo del liderazgo americano. Es la persona que representa a nuestra nación dentro y fuera del país. Ser presidente de Estados Unidos es un trabajo arduo, con muchas decisiones difíciles que tomar. Cuando se tiene un gran poder se tiene también una gran responsabilidad.

Responde

Aplícalo   ¿Te gustaría ser presidente? ¿Por qué?

Un país de diferentes culturas

Un mosaico es un cuadro hecho con azulejos de muchos colores. Nuestro país es como un mosaico. Está compuesto de personas que hablan muchas lenguas y hacen muchos trabajos.

Reflexiona
¿En qué se parecen y se diferencian las personas de nuestro país?

✓ En Estados Unidos viven muchos tipos de personas.

✓ Todos los ciudadanos tienen derechos y responsabilidades.

Vocabulario
cultura
ciudadano
derecho
libertad
responsabilidad

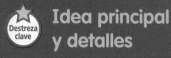
Idea principal y detalles

Normas de California
HSS 2.3

Las personas llegan a nuestro país de todas partes del mundo. Traen sus propias culturas. Una **cultura** es la manera en que un grupo de personas vive. Lo que comen, cómo se visten y qué creen son partes de su cultura.

Aunque somos diferentes en muchos aspectos, todos somos ciudadanos. Un **ciudadano** es una persona que pertenece a una comunidad.

¿Qué significa ser ciudadano? En Estados Unidos, significa tener los mismos **derechos** o libertades, que los demás. La **libertad** es el derecho que tienen las personas de tomar sus propias decisiones.

Los americanos tenemos ciertas libertades. Podemos vivir y trabajar donde queramos. Podemos practicar nuestras creencias religiosas y expresar nuestras ideas.

Libertad de expresión

Libertad de culto

Libertad de prensa

Junto con nuestras libertades, tenemos responsabilidades. Una **responsabilidad** es algo que un ciudadano debe cuidar o hacer. Los ciudadanos son responsables del cuidado de sí mismos y de los demás.

Artistas pintan el mural
Con los brazos abiertos

Con los brazos abiertos

Los estudiantes de la escuela secundaria Vina Danks hicieron un mural acerca de su comunidad. Querían representar a todas las personas que viven allí. En el centro está César Chávez. Chávez creía que las personas debían mostrar responsabilidad ayudando a mejorar sus comunidades.

Resumen En nuestro país, las personas de todas las culturas tienen los mismos derechos y responsabilidades.

Repaso

❶ ¿En qué se parecen y se diferencian las personas de nuestro país?

❷ **Vocabulario** Nombra una **responsabilidad** que tiene un ciudadano de una comunidad.

❸ **Actividad** Haz un collage que represente a las diferentes personas de nuestro país y sus costumbres.

❹ (Destreza clave) **Idea principal y detalles** ¿Qué significa ser ciudadano de Estados Unidos?

135

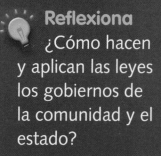
Reflexiona
¿Cómo hacen y aplican las leyes los gobiernos de la comunidad y el estado?

✓ Los gobiernos de la ciudad y el estado hacen las leyes para proteger a los ciudadanos.

Vocabulario
gobierno
ley
consecuencia
alcalde
concejo
juez
gobernador
legislatura

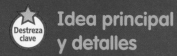 **Idea principal y detalles**

 **Normas de California**
HSS 2.3.1

Gobiernos de la comunidad y el estado

Cada comunidad tiene un gobierno. Un **gobierno** es un grupo de ciudadanos que dirige una comunidad. El gobierno protege a todas las personas y sus derechos. Aprueba las leyes que ayudan a las personas a llevarse bien y a permanecer fuera de peligro. Una **ley** es una regla que los ciudadanos deben obedecer. El gobierno también se asegura de que se obedezcan las leyes.

Algunos ciudadanos no obedecen las leyes. Las personas que desobedecen las leyes deben afrontar las consecuencias. Una **consecuencia** es algo que ocurre por lo que hace una persona. Es posible que los infractores de la ley tengan que trabajar para la comunidad o pagar dinero al gobierno. Las personas que desobedecen las leyes más importantes tienen que ir a la cárcel.

Las señales de tránsito muestran leyes que todos debemos obedecer.

El gobierno de la mayoría de las comunidades tiene tres componentes. Un **alcalde** es un ciudadano que dirige un pueblo o una ciudad. Se asegura de que su comunidad sea un buen lugar para vivir.

Un **concejo** es un grupo de personas elegidas por los ciudadanos para que tomen las decisiones por ellos. En muchas comunidades, el concejo y el alcalde hacen las leyes.

Líderes del gobierno

Alcalde

2004 RALLY FOR KIDS

Gavin Newsom, alcalde de San Francisco

Las cortes son otro componente del gobierno de la comunidad. Una corte decide si alguien ha desobedecido una ley y qué consecuencias deberá afrontar. Un **juez** es la persona que está a cargo de una corte. Los jueces se aseguran de que las cortes apliquen las leyes de manera justa.

¿Quiénes son los líderes del gobierno de tu comunidad?

Concejo municipal

Juez

Cynthia Sterling, miembro del concejo municipal de Fresno

Kirk H. Nakamura, juez del condado de Orange

Al igual que el gobierno de una comunidad, el gobierno de un estado tiene tres componentes. El **gobernador** dirige el estado. Se asegura de que las leyes se cumplan y también propone nuevas leyes.

La legislatura estatal es como el concejo de una comunidad, pero más grande. Los miembros de la **legislatura** se llaman legisladores del estado. Son elegidos por los ciudadanos de todas las comunidades del estado.

El estado también tiene cortes. Los jueces de las cortes deciden si una persona ha desobedecido las leyes del estado. Muchas veces, los jueces también deciden las consecuencias que una persona debe afrontar por desobedecer la ley.

Gobernador Arnold Schwarzenegger

Los gobiernos de la comunidad y el estado realizan diferentes trabajos. El gobierno de una comunidad trabaja en favor de las personas de esa comunidad. Dirige el departamento de policía y el cuerpo de bomberos, y planifica la construcción de edificios y parques.

El gobierno de un estado trabaja en favor de todas las personas de ese estado. Se ocupa del cuidado de las carreteras y autopistas estatales. En una emergencia, se asegura de que las personas reciban el alimento y el refugio que necesitan.

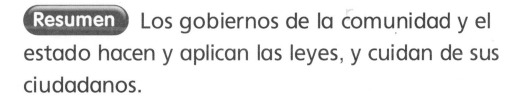

Resumen Los gobiernos de la comunidad y el estado hacen y aplican las leyes, y cuidan de sus ciudadanos.

Repaso

1 ¿Cómo hacen y aplican las leyes los gobiernos de la comunidad y el estado?

2 **Vocabulario** ¿Cuál es el trabajo de la **legislatura**?

3 **Redacción** Escribe una carta al concejo de tu comunidad acerca de una ley que creas que se necesite en tu comunidad.

4 **Idea principal y detalles** ¿Por qué una persona que desobedece una ley debe pagar dinero al gobierno?

141

Hallar estados y capitales

◗ Por qué es importante

Nuestro país tiene 50 estados. California es uno de los estados más grandes.

Estados Unidos

Lo que necesitas saber

Puedes hallar ciudades y estados en un mapa. Una **capital** es una ciudad donde se reúne el gobierno de un estado o país. Una **frontera** es una línea que muestra dónde termina un estado o un país.

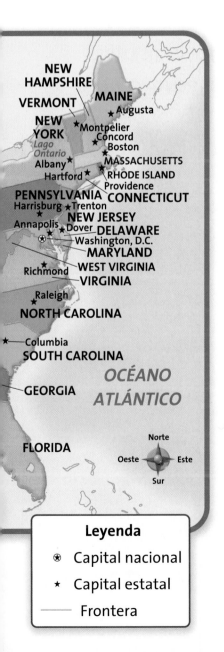

NEW HAMPSHIRE
VERMONT
MAINE
★ Augusta
NEW YORK
★ Montpelier
★ Concord
Boston
Lago Ontario
Albany ★
MASSACHUSETTS
Hartford ★
RHODE ISLAND
Providence
PENNSYLVANIA
CONNECTICUT
Harrisburg ★ Trenton
NEW JERSEY
Annapolis ★ Dover
DELAWARE
⊛ Washington, D.C.
MARYLAND
Richmond ★
WEST VIRGINIA
VIRGINIA
★ Raleigh
NORTH CAROLINA
★ Columbia
SOUTH CAROLINA
OCÉANO ATLÁNTICO
★ GEORGIA
FLORIDA

Norte
Oeste — Este
Sur

Leyenda
⊛ Capital nacional
★ Capital estatal
— Frontera

Practica la destreza

1 Busca el estado de California en el mapa. ¿Cuál es su capital?

2 ¿Qué estados se hallan a lo largo de la frontera de California?

Aplica lo que aprendiste

DESTREZA DE ANÁLISIS Haz una lista de las capitales de los estados que se encuentran a lo largo de la frontera de California.

Practica tus destrezas con mapas y globos terráqueos con el **CD-ROM GeoSkills.**

Nuestro gobierno nacional

Reflexiona
¿Quién hace las leyes de Estados Unidos?

✔ El gobierno de nuestro país tiene tres poderes que están sujetos a la Constitución.

Vocabulario
Congreso
impuesto
presidente
elecciones
Corte Suprema
Constitución

Destreza clave
Idea principal y detalles

Normas de California
HSS 2.3, 2.3.1

Al igual que los gobiernos de la comunidad y el estado, nuestro gobierno nacional se divide en tres partes o poderes. El poder legislativo hace las leyes. El poder ejecutivo hace que las leyes se cumplan. El poder judicial se asegura de que las leyes sean justas.

La Casa Blanca

Washington, D.C.

La capital de nuestro país es Washington, D.C. Allí están la Casa Blanca, el Capitolio y la Corte Suprema. Los homenajes y monumentos del National Mall honran a los presidentes del pasado y a los héroes de las guerras.

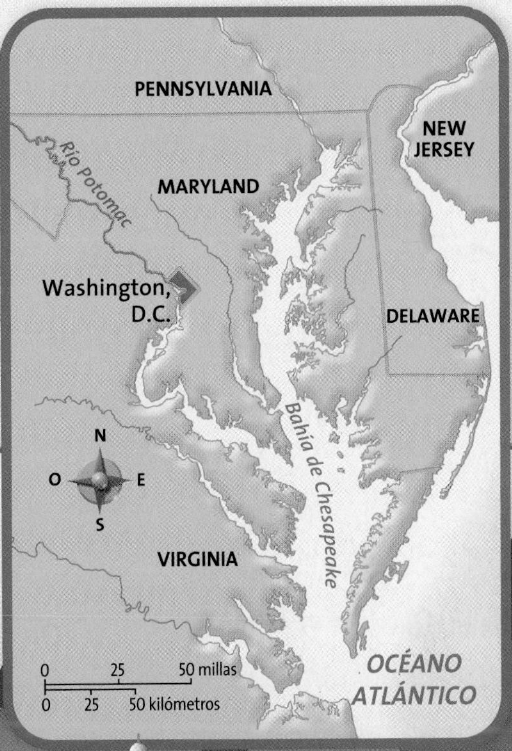

PENNSYLVANIA

Río Potomac

MARYLAND

NEW JERSEY

Washington, D.C.

DELAWARE

N
O   E
S

Bahía de Chesapeake

VIRGINIA

0   25   50 millas
0   25   50 kilómetros

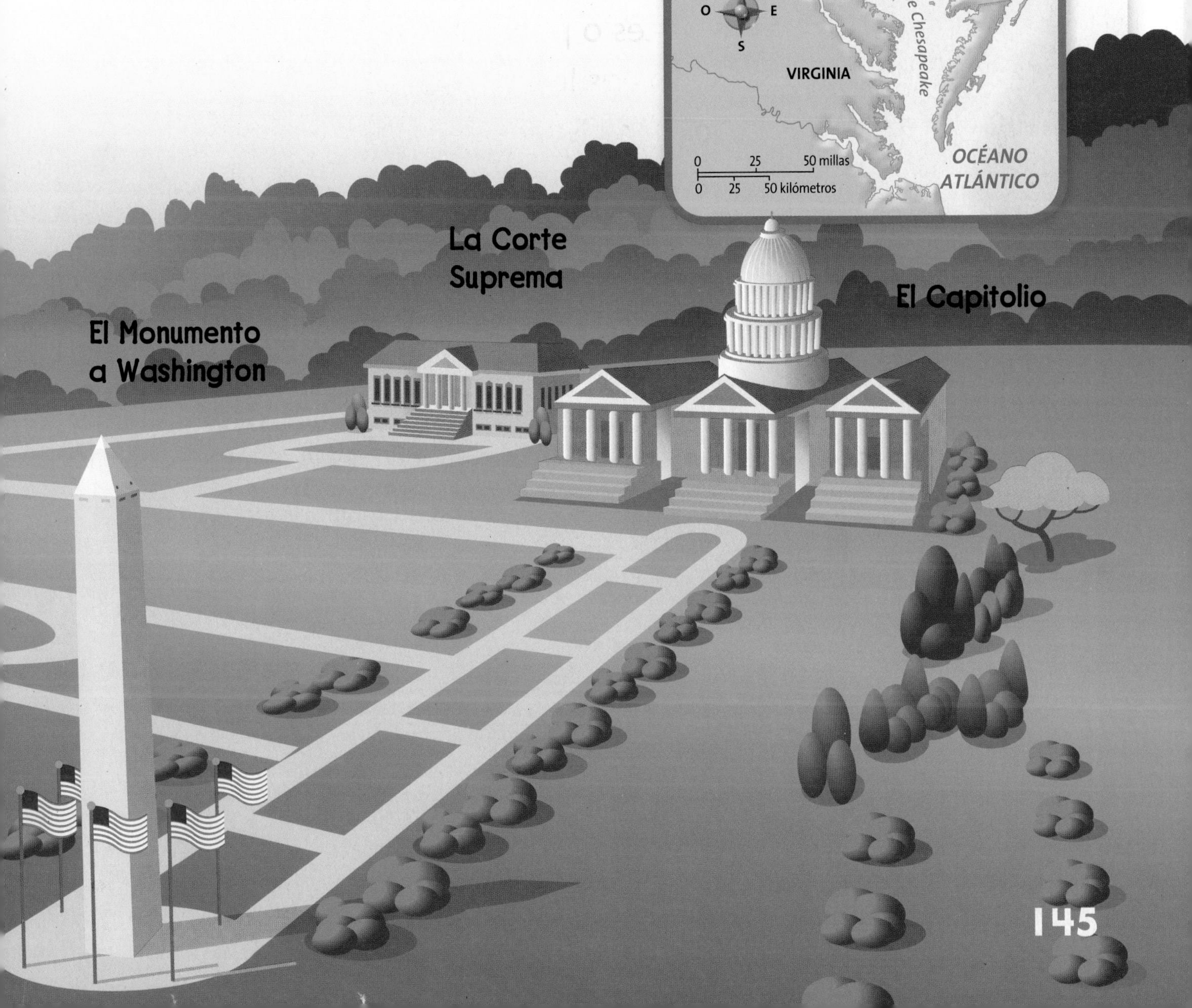

OCÉANO ATLÁNTICO

La Corte Suprema

El Capitolio

El Monumento a Washington

El **Congreso**, es decir, el poder legislativo, hace las leyes. Los miembros del Congreso son elegidos por los ciudadanos de los 50 estados. Aparte de hacer las leyes, el Congreso también decide qué impuestos debemos pagar. Un **impuesto** es el dinero que se paga al gobierno. Este dinero paga por las cosas que los ciudadanos necesitan, como las escuelas, la protección de la policía y las bibliotecas.

La Guardia Nacional ayuda durante las emergencias.

Muchos miembros de las fuerzas armadas sirven en otros países.

En Estados Unidos, los ciudadanos eligen a un **presidente**. El trabajo del presidente es hacer que las leyes se cumplan, y asegurarse de que el país sea un buen lugar para vivir.

Las **elecciones** son un evento en el cual los ciudadanos eligen a sus líderes. Los ciudadanos de nuestro país son los que deciden quién será el presidente y quiénes servirán en el Congreso.

"Siempre recordaremos. Siempre estaremos orgullosos. Siempre estaremos preparados, para que siempre seamos libres".

Presidente Ronald Reagan

Ronald Reagan, *The Greatest Speeches of Ronald Reagan*, NewsMax.com, Inc., 2001

El presidente Bush promete trabajar para el pueblo.

147

La **Corte Suprema** decide qué leyes debe obedecer todo el país. Está compuesto por nueve jueces. El presidente escoge a cada juez, y el Congreso debe aprobarlos. Estos jueces se aseguran de que las leyes estén de acuerdo con lo que dice la Constitución.

La Corte Suprema

La **Constitución** es un documento que contiene las reglas a las que el gobierno se debe sujetar. La Constitución explica cómo debe funcionar nuestro gobierno.

DESTREZA DE ANÁLISIS ¿Por qué es la Constitución un documento importante?

La Constitución

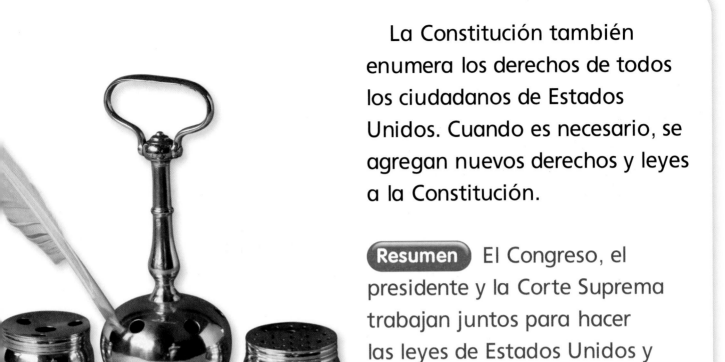

La Constitución también enumera los derechos de todos los ciudadanos de Estados Unidos. Cuando es necesario, se agregan nuevos derechos y leyes a la Constitución.

Resumen El Congreso, el presidente y la Corte Suprema trabajan juntos para hacer las leyes de Estados Unidos y asegurarse de que se cumplan.

Repaso

① ¿Quién hace las leyes de Estados Unidos?

② **Vocabulario** ¿Qué explica la **Constitución**?

③ **Actividad** Haz una tabla que muestre lo que hace cada uno de los tres poderes del gobierno.

④ **Idea principal y detalles** ¿Cuáles son los tres poderes del gobierno?

Decidir con el voto

◗ Por qué es importante

En Estados Unidos, los ciudadanos eligen a sus líderes. Para hacerlo, votan en las elecciones. Un **voto** es una decisión que se cuenta.

◗ Lo que necesitas saber

1 Antes de votar, las personas deciden quién es la persona que creen que hará el mejor trabajo.

2 En la mayoría de las elecciones, las personas usan una boleta electoral para votar. Una **boleta electoral** muestra todas las opciones. Los votantes marcan su opción en secreto. Las boletas electorales no se cuentan hasta que todos hayan votado.

3 El ganador de las elecciones es la persona que obtiene más votos. A esto se le llama **gobierno por mayoría**. Mayoría significa "más de la mitad".

150

◗ Practica la destreza

Antes   Imagina que tu salón de clases es una comunidad que quiere elegir a un nuevo alcalde. Cuatro personas quieren dirigir la comunidad, pero solo una de ellas puede ser alcalde.

Durante   Haz unas boletas electorales que tengan las nombres de las personas que quieren ser alcaldes. Da a cada ciudadano una boleta electoral para que marque su opción.

Después   Cuando todos hayan votado, recoge las boletas electorales. Cuenta los votos. El ganador es la persona que obtenga más votos.

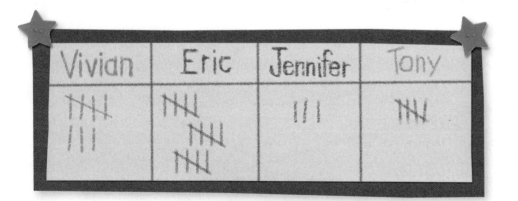

◗ Aplica lo que aprendiste

Aplícalo   Usa el voto como una manera de tomar otras decisiones en tu salón de clases.

Integridad

Respeto

Responsabilidad

Equidad

Bondad

Patriotismo

Thurgood Marshall

Thurgood Marshall ayudó a cambiar las leyes de Estados Unidos. Cuando era pequeño, su padre le enseñó a expresar abiertamente sus ideas. Marshall usó esta destreza cuando se hizo abogado. Dedicó su vida a la lucha por la igualdad de derechos.

La importancia del carácter

❓ ¿Por qué crees que Thurgood Marshall trabajó para que hubiera leyes que hicieran que todas las personas recibieran un trato justo?

Thurgood Marshall fue el primer magistrado afroamericano de la Corte Suprema.

Thurgood Marshall dijo que los estudiantes de las escuelas no se debían separar debido a sus razas.

Cuando se jubiló, Marshall había servido más tiempo como magistrado de la Corte Suprema que todos los demás magistrados excepto por uno.

Biografía breve

1908   1993

Fechas importantes

1933 Recibe el título de abogado de la Universidad Howard

1940 Gana el primer caso ante la Corte Suprema

1954 Gana el caso llamado <u>Brown contra el Ministerio de Educación de Topeka</u>

1991 Se jubila de la Corte Suprema

En 1967, Marshall fue nominado para ser un magistrado, o juez, de la Corte Suprema de Estados Unidos. El Congreso tenía que aprobarlo. Ante el Congreso, el presidente Lyndon Johnson dijo de su nominación: "Es lo que se debe hacer, el momento más oportuno para hacerlo, el hombre ideal y el lugar apropiado".* Thurgood Marshall fue muy respetado en la Corte Suprema durante sus 24 años de servicio como magistrado.

*President Lyndon Johnson.www.oyez.org

APRENDE **en línea** Visita MULTIMEDIA BIOGRAPHIES en **www.harcourtschool.com/hss** para hallar biografías multimedia.

Nuestros vecinos del mundo

 Reflexiona
¿Cómo hacen sus leyes otras naciones?

✓ Hay muchas naciones en el mundo.

✓ Cada nación tiene su propio conjunto de reglas y consecuencias.

Vocabulario
nación

 **Idea principal y detalles**

Normas de California
HSS 2.3, 2.3.1

El mundo está formado por muchas **naciones**, o sea, países. Cada nación tiene su propio gobierno y sus propias leyes. Estados Unidos es una nación. México y Canadá son naciones que limitan con Estados Unidos.

Hay más de 190 naciones en el mundo.

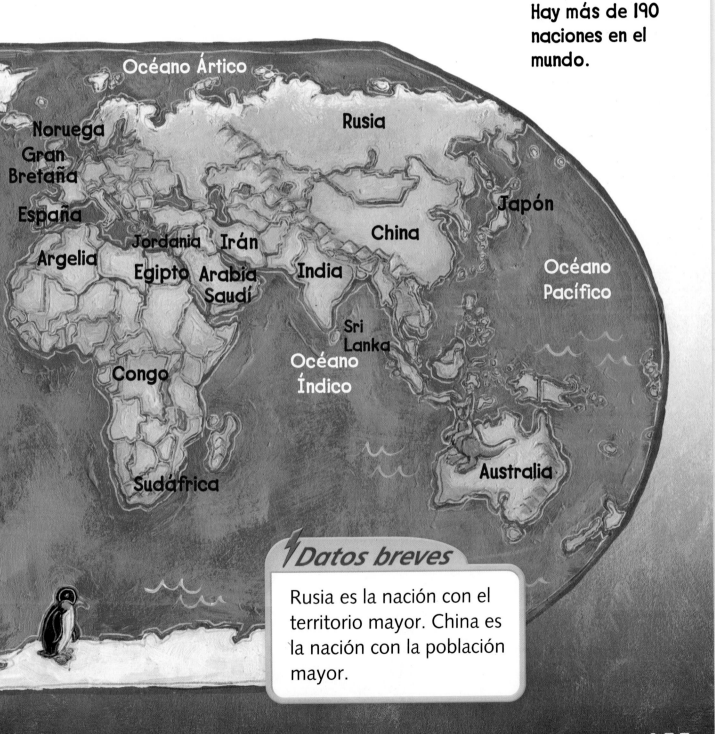

Océano Ártico

Rusia

Noruega

Gran Bretaña

España

Japón

Jordania Irán

China

Argelia

Egipto Arabia Saudí

India

Océano Pacífico

Sri Lanka

Océano Índico

Congo

Sudáfrica

Australia

Datos breves

Rusia es la nación con el territorio mayor. China es la nación con la población mayor.

Los líderes de las diferentes naciones se convierten en líderes de diferentes maneras. En algunas naciones, los ciudadanos eligen a sus líderes por medio de elecciones. En otras, las personas se convierten en líderes cuando ganan guerras.

En ciertas naciones, las personas que han nacido en familias de líderes, reemplazan a sus padres cuando crecen.

Rey Abdullah II de Jordania

Presidenta Chandrika Kumaratunga de Sri Lanka

Presidente Thabo Mbeki de Sudáfrica

Las naciones también se diferencian en la manera de hacer sus leyes. Algunas leyes están relacionadas con la cultura de los habitantes de la nación. Otras, con su religión. Los líderes se aseguran de que todas las leyes se cumplan.

Cámara de los Lores, Inglaterra

Resumen Hay muchas naciones en el mundo, y cada una tiene su propio gobierno y sus propias leyes.

Repaso

① ¿Cómo hacen sus leyes otras naciones?

② **Vocabulario** ¿En qué **nación** vives?

③ **Redacción** Elige una nación del mapa de las páginas 154 y 155. Investiga cómo hace sus leyes. Escribe un párrafo con esa información.

④ **Idea principal y detalles** ¿Cuáles son algunas maneras en las que las personas se convierten en líderes de otras naciones?

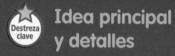
Las naciones del mundo trabajan juntas

Reflexiona
¿Qué hacen las naciones para llevarse bien unas con otras?

✓ Las naciones dependen unas de otras para obtener muchas cosas.

✓ Las naciones buscan maneras de llevarse bien.

Vocabulario
tratado
embajador
embajada

 **Idea principal y detalles**

Normas de California
HSS 2.3.2

Las naciones tienen diferentes culturas y diferentes tipos de gobierno. Sin embargo, por muchas razones, necesitan llevarse bien unas con otras.

Enviando alimentos

Por ejemplo, un país podría cultivar un alimento que otro país no tiene. Este país podría fabricar computadoras que el primer país desea tener. Así, cada uno puede ofrecer al otro lo que desea. Las naciones también pueden ayudarse unas a otras cuando tienen problemas.

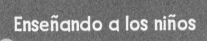

Las naciones trabajan juntas para ayudarse unas a otras.

Enseñando a los niños

Ayudando después de un terremoto

Suministrando medicinas

Dando a conocer las culturas e ideas

Las naciones dan a conocer al resto del mundo aspectos de sus culturas, como el arte, la música y la literatura. Las naciones también comunican sus ideas. Hombres y mujeres de diferentes países trabajan juntos para realizar nuevos descubrimientos.

La música de México

Un baile de África

Astronautas de muchas naciones

La Estación Espacial Internacional

Tanto los miembros de las Naciones Unidas como sus invitados hablan diferentes idiomas. Cada uno usa un audífono para oír lo que se dice, en su propio idioma.

Mantener la paz

Las naciones del mundo no siempre están de acuerdo en lo que piensan sobre un tema determinado. Entonces, hablan de sus diferencias y tratan de llegar a acuerdos equitativos. A veces escriben un **tratado**, o sea, un conjunto de reglas que todas deciden obedecer. Los tratados de paz evitan que los países entren en guerra.

A veces, las naciones usan a embajadores para llegar a acuerdos entre sus gobiernos. Un **embajador** es una persona que habla y actúa en nombre de su gobierno, en otro país. Allí, vive y trabaja en una **embajada**. Estados Unidos tiene embajadores en sus embajadas de todo el mundo. Muchas naciones tienen embajadas en Estados Unidos.

Embassy Row en
Washington, D.C.

Los líderes del mundo se reúnen para hablar sobre los problemas.

Resumen Las naciones del mundo buscan maneras de llevarse bien.

Repaso

1 ¿Qué hacen las naciones para llevarse bien unas con otras?

2 **Vocabulario** ¿Qué es un **tratado**?

3 **Redacción** Imagina que eres el líder de una nación. Escribe algunas maneras en las que tu nación puede llevarse bien con otras.

4 **Destreza clave** **Idea principal y detalles** ¿Cuáles son algunas maneras en las que las naciones trabajan juntas?

163

Resolver un problema

◗ Por qué es importante

Al igual que los líderes de las naciones, los ciudadanos de las comunidades **cooperan**, es decir, trabajan juntos, para resolver los problemas. Un **problema** es algo que hace que las cosas sean más difíciles.

◗ Lo que necesitas saber

Una **solución** es una manera de resolver un problema. Hay pasos que puedes seguir para resolver un problema.

Paso 1 Di cuál es el problema.

Paso 2 Reúne la información.

Paso 3 Piensa en diferentes soluciones.

Paso 4 Piensa en las consecuencias.

Paso 5 Intenta una solución.

Paso 6 Decide si la solución funcionó o no.

⟩ Practica la destreza

Mira la ilustración. Di cuál es el problema que debe resolverse. Haz una lista de las posibles soluciones.

⟩ Aplica lo que aprendiste

Elige la solución que creas que será la mejor. Escribe un párrafo en el que digas cuál es el problema y por qué crees que la solución que escogiste va a funcionar.

Puntos de vista

¿Qué opinas?

"¿Qué haces para llevarte bien con tus vecinos?"

Amanda

"Recojo los desechos de mi perro".

Sr. Kim

"Mantengo mi casa y mi patio limpios".

Datos del pasado

Anyokah: Llevarse bien

En 1817, cuando Anyokah tenía seis años, comenzó a trabajar con su padre, Sequoyah, para que las personas de su comunidad cherokee se llevaran bien. En 1821, ya habían creado un alfabeto.

Josh

"Manejo lentamente y pongo atención a los peatones".

Sra. Ávila

"Trabajo en el concejo municipal".

Elena

"No tiro basura. Uso los cubos de basura del parque".

 DESTREZA DE ANÁLISIS

Es tu turno

- ¿Haces algunas de las cosas que estos ciudadanos hacen? De ser así, ¿cuáles?
- ¿Qué haces para llevarte bien con tus vecinos? ¿Qué leyes obedeces?

LOS HIJOS DESUNIDOS DEL LABRADOR

Una fábula de Esopo

ilustrada por Laurence Cleyet-Merle

Un labrador llamó a sus hijos para darles un consejo. En su mano tenía un haz de varas gruesas. El labrador le dijo a su hijo mayor: —Rompe las varas—. Su hijo trató y trató, pero no pudo romperlas. Su hija y su hijo menor también trataron, pero ninguno de ellos pudo hacerlo.

—Miren—dijo el labrador—, deshagan el haz y cada uno de ustedes tome una vara—. Cuando lo hicieron, el labrador los llamó y les dijo: —Ahora rómpanlas—. Cada vara se rompió fácilmente.

—¿Entienden lo que digo? —preguntó el labrador.

MORALEJA: La unión hace la fuerza.

Responde

¿Qué le da fuerza a nuestro país?

Excursión

Los Jardines de Yerba Buena

Prepárate

A los visitantes de San Francisco —y también a sus habitantes— les gusta ir a los Jardines de Yerba Buena. Este lugar es más que un jardín, tiene teatros, museos, un centro de boliche, un parque, una pista de patinaje sobre hielo y mucho más. ¡En los Jardines de Yerba Buena hay atracciones para todos!

Ubícalo
California

San Francisco

Observa

Los niños aprenden a hacer vídeos animados en el centro llamado Zeum.

Esta cascada es parte del Monumento a Martin Luther King, Jr.

En el Museo de Arte Moderno de San Francisco se exhiben muchos tipos de arte.

En el Centro de Arte de Yerba Buena se pueden apreciar danzas, música y obras teatrales.

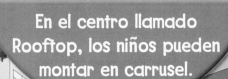

En el centro llamado Rooftop, los niños pueden montar en carrusel.

Un paseo virtual

APRENDE
en línea

Visita VIRTUAL TOURS en www.harcourtschool.com/hss para realizar un paseo virtual.

171

Repaso

El gobierno Un gobierno hace las leyes para mantener el orden y ayudar a las personas a llevarse bien.

Idea principal y detalles

Destreza clave

Copia esta tabla y escribe la idea principal y los detalles para mostrar lo que aprendiste sobre el trabajo del gobierno.

Idea principal

_____

_____

Detalles

Un gobierno hace las leyes que los ciudadanos deben obedecer.	Las personas que desobedecen las leyes deben afrontar las consecuencias.	_____ _____

Usa el vocabulario

Completa los espacios en blanco con las palabras correctas.

A mi vecina, la Sra. Arnold, le gusta ① _____ en las elecciones. Al votar, ella ayuda a elegir a los líderes de nuestra comunidad. Este grupo de personas, que se conoce como el ② _____, nos ayuda a llevarnos mejor. La Sra. Arnold es una buena ③ _____ de nuestra comunidad. Ella obedece todas las ④ _____, o sea, las reglas. Creo que ella podría ser la ⑤ _____ de nuestro país y mantenerlo como un buen lugar para vivir.

ciudadana
(pág. 132)

gobierno
(pág. 136)

leyes
(pág. 136)

presidenta
(pág. 147)

votar
(pág. 150)

Recuerda los datos

⑥ ¿Qué tipos de libertades tenemos los americanos?

⑦ ¿Cuál es el trabajo de un juez?

⑧ ¿Cuáles son algunas maneras en las que las personas se convierten en líderes en otras naciones?

⑨ ¿Cuántos jueces tiene la Corte Suprema?

    A 5   **C** 12

    B 9   **D** 10

⑩ ¿Quién ayuda a los gobiernos de los países a lograr acuerdos entre sí?

    A el Congreso   **C** un embajador

    B la Corte Suprema   **D** el presidente

Piensa críticamente

11 **DESTREZA DE ANÁLISIS** ¿Por qué crees que se agregan nuevas leyes a la Constitución?

12 **Aplícalo** ¿Qué pasaría si no hubiera consecuencias por desobedecer las leyes en tu comunidad?

Aplica las destrezas

Oeste de Estados Unidos

13 ¿Cuál es la capital de New Mexico?

14 ¿Qué estados comparten una frontera con Washington?

15 ¿Cuál es el estado que tiene a Salem como capital?

16 ¿Cuál es la capital de Idaho?

Aplica las destrezas

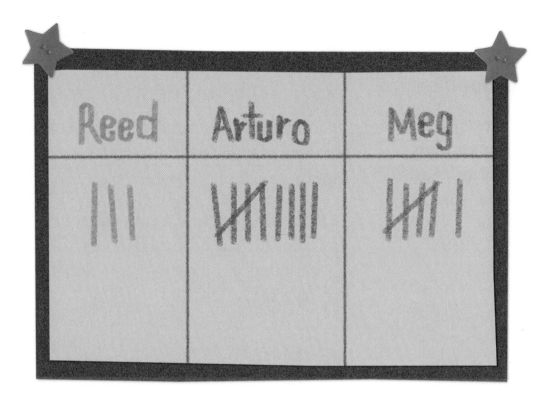

⑰ ¿Quién tiene menos votos?

⑱ ¿Cuántos votos tiene Meg?

⑲ ¿Cuántos votos tiene Arturo?

⑳ ¿Quién tiene la mayoría de votos?

Actividades

Muestra lo que sabes

Lecturas adicionales

Trabajando juntos para salvar nuestro planeta por Jeri Cipriano

Elegimos a un presidente por Jeri Cipriano

Líderes en favor de la paz por Dan Ahearn

Actividad de la unidad

¡Da tu opinión! ¿Qué ayudaría a los ciudadanos de tu comunidad a estar fuera de peligro y llevarse bien?

Escribe una carta En una carta al alcalde, explica un problema de tu comunidad y cómo crees que debería resolverse.

Proyecto de la unidad

Representar Haz una representación de la manera como el concejo municipal hace las leyes.

- Practica cómo presentar tus opiniones.
- Usa accesorios y disfraces sencillos.
- Representa una reunión del concejo y escribe una nueva ley.

APRENDE en línea Visita ACTIVITIES en **www.harcourtschool.com/hss** para hallar otras actividades.

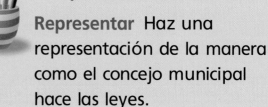

ALCALDESA

176

Usamos nuestros recursos

 Comienza con las normas

2.4 Los estudiantes comprenden conceptos básicos de economía y su propio rol en la economía, y demuestran destrezas básicas de razonamiento económico.

La gran idea

Los recursos

Las personas siempre han necesitado la tierra y sus recursos para vivir.

Reflexiona

✔ ¿Qué es un recurso natural?

✔ ¿Cómo obtenían sus alimentos las personas del pasado?

✔ ¿Cómo usan los granjeros la tecnología para producir alimentos hoy en día?

✔ ¿Cómo llegan los alimentos de la granja a nuestra mesa?

Muestra lo que sabes

★ **Prueba de la Unidad 4**

✎ **Redacción: Escribe un párrafo descriptivo**

✏ **Proyecto de la unidad: Organigrama de los recursos de la tierra**

Usamos nuestros recursos

Habla sobre
los recursos

"Cultivamos nuestros alimentos en el rico suelo de California".

"En el mercado de nuestro vecindario se venden frutas y vegetales frescos".

"El agua también es un recurso importante".

177

vocabulario

recurso natural   Algo que
está en la naturaleza y que las
personas usan. (página 188)

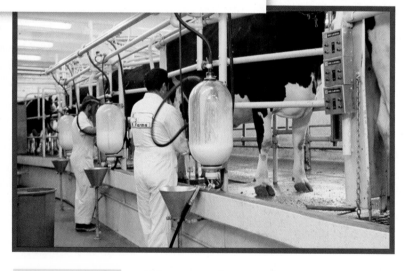

tecnología   El uso de objetos e ideas
nuevas en la vida diaria. (página 202)

178

materia prima Un recurso que se usa para hacer un producto.

(página 212)

producto Algo que las personas o la naturaleza producen. (página 208)

 Visita **www.harcourtschool.com/hss** para hallar recursos en Internet para usar con esta unidad.

La lectura en los Estudios Sociales

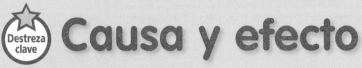

Destreza clave

Causa y efecto

Mientras lees, te sería muy útil saber por qué suceden las cosas.

- Lo que hace que algo ocurra es una causa.
- Lo que ocurre es el efecto.

Practica la destreza

Lee el siguiente párrafo.

Las habichuelas son un tipo de plantas de frijoles. ¡Yo sembré mis propias habichuelas! Llené un vaso con tierra. Metí semillas de habichuela **Efecto** en la tierra y esperé unos días. Las semillas no **Causa** crecieron porque se me olvidó regarlas. Entonces, empecé a regarlas cuidadosamente. Comenzaron a crecer. Cuando las plantas crecieron un poco, las planté afuera.

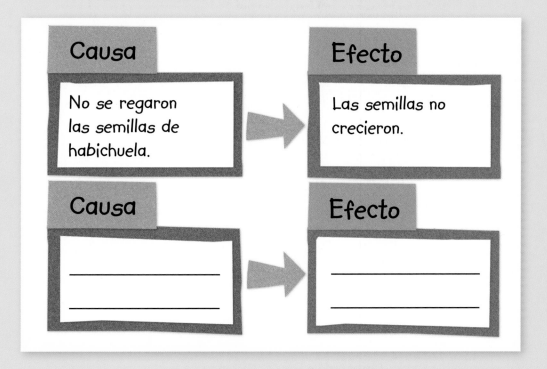

Causa		Efecto
No se regaron las semillas de habichuela.	→	Las semillas no crecieron.
Causa		Efecto
_____ _____	→	_____ _____

Esta tabla muestra lo que les sucedió a las semillas y por qué. ¿Qué le puedes agregar? Copia la tabla y complétala.

Aplica la destreza mientras lees

Mientras lees esta unidad, busca información sobre la manera en que las personas obtenían su alimento hace mucho tiempo. También, busca cómo lo obtienen actualmente. ¿Qué ha cambiado? Determina qué causó esos cambios.

Tomar notas

Tomar notas te puede ayudar a recordar lo que lees. Las notas son palabras y oraciones importantes que quieres recordar. Un diario de aprendizaje es una tabla que puedes usar para escribir tus notas.

Practica la destreza

Kevin tomó notas cuando leyó el párrafo que se muestra en la siguiente página. Escribió sus notas en un diario de aprendizaje.

- Escribió palabras y oraciones del párrafo en la columna de Tomar notas.

- Escribió sus ideas y pensamientos en la columna de Hacer apuntes.

Diario de aprendizaje

Tomar notas	Hacer apuntes
Las granjas donde crece el plátano se llaman plantaciones.	Donde vivo hace mucho frío para que crezcan plátanos.
Necesitan un clima caliente y húmedo.	Los plátanos verdes son duros. ¡No me gustan!
_____ _____	_____ _____

Lee el siguiente párrafo. Escribe tus notas en el diario de aprendizaje.

Los plátanos crecen en granjas grandes llamadas plantaciones. Necesitan un clima muy caliente y húmedo. Se recogen cuando están verdes y se guardan en lugares especiales hasta que se ponen amarillos. Luego, se venden en los mercados.

Aplica la destreza mientras lees

Haz un diario de aprendizaje para tomar notas sobre el uso de nuestros recursos. Mientras lees esta unidad, agrega notas para recordar lo que aprendas.

LA TORTILLERÍA

por Gary Paulsen

ilustrado por Ruth Wright Paulsen

La tierra negra duerme en invierno. Pero en la primavera la tierra negra es labrada por manos morenas que siembran semillas amarillas que se convierten en plantas verdes que susurran en las suaves brisas y producen el maíz dorado que se seca al sol caliente para moler en harina

para la tortillería donde gente
alegre y máquinas ruidosas
mezclan la harina en la masa
y amasan la masa
y aprietan la masa
y aplastan la masa...

... y hornean la masa en
discos perfectos que salen
de la máquina y entran en
un paquete que va por
camión a una cocina

para rellenar con ricos frijoles

y comer con dientes blancos para llenar un estómago redondo

y darles fuerza a las manos morenas

que labran la tierra negra

que siembran las semillas amarillas

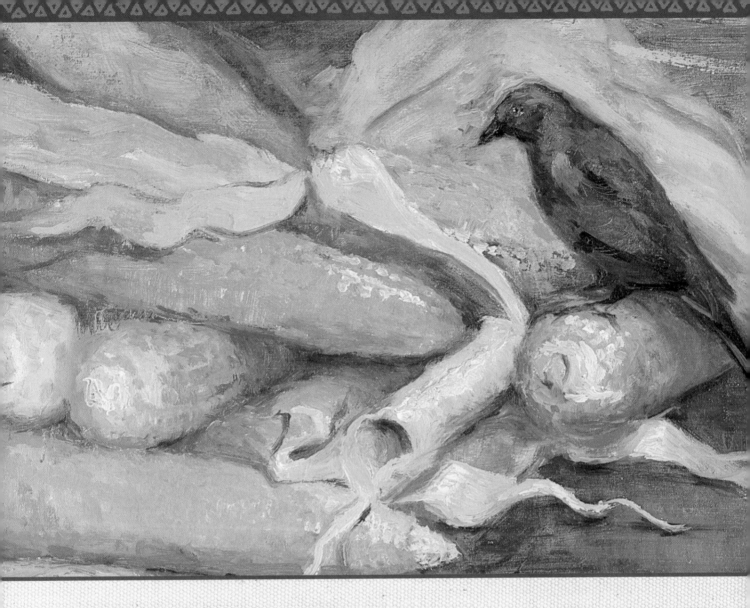

que hacen el maíz dorado que se seca
al sol caliente para moler en harina…

Responde

1. ¿Qué recursos se usan para hacer una tortilla?

2. Aplícalo ¿Cómo te ayudan los granjeros?

187

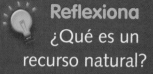
Reflexiona
¿Qué es un
recurso natural?

✓ Necesitamos los
recursos naturales
para vivir.

✓ Es importante
cuidar de
los recursos
naturales.

Vocabulario
recurso natural
combustible
conservación

**Causa y
efecto**

Normas de
California
HSS 2.4.1

La tierra y el agua son recursos

Necesitamos los recursos naturales para vivir. Un **recurso natural** es algo que está en la naturaleza y que podemos usar. El aire, el agua y la tierra son recursos naturales importantes.

Las personas usan el aire

Las personas, las plantas y los animales necesitan aire puro para vivir. El movimiento del aire se puede usar para producir energía para los hogares. Una turbina de viento usa esa energía para producir electricidad.

Repaso de la lectura ¿Cómo usamos el aire?

Las personas usan el agua

Usamos el agua de muchas maneras. La usamos para beber, cocinar, limpiar y sembrar plantas alimenticias. Al igual que el aire, el agua también se puede usar para producir electricidad. En algunas presas, el agua produce electricidad al pasar por grandes máquinas y hacerlas girar.

Repaso de la lectura ¿Cómo usamos el agua?

Presa O'Shaughnessy, Yosemite, California

turbinas de viento

Las personas usan la tierra

La tierra es otro recurso natural. En la tierra sembramos plantas alimenticias y construimos casas.

Los árboles son un recurso natural muy útil. Algunos granjeros siembran árboles que producen frutas y nueces. La madera de otros tipos de árboles se usa para hacer muebles y construir casas. Las personas también usan la madera para hacer papel.

Debajo de la tierra, se hallan otros recursos naturales, como carbón, petróleo y gas natural. Las personas excavan y taladran para extraer estos recursos y convertirlos en combustible. Un **combustible** es un recurso que se puede quemar para producir calor o energía.

Repaso de la lectura

¿Cómo usamos la tierra?

Cómo cuidar de nuestros recursos

Como en la Tierra hay tantos habitantes, debemos hallar maneras de proteger nuestros recursos. Una manera de hacerlo es mediante la conservación. La **conservación** es el ahorro de recursos para que duren más. Otra manera de ahorrar recursos es el reciclaje. Cuando reciclamos, damos nuevos usos a los objetos.

Al reciclar, las comunidades ayudan a cuidar de los recursos.

192

Si no cuidamos de nuestros recursos naturales, se pueden ensuciar. Cualquier cosa que ensucia el aire, la tierra o el agua se llama contaminación. Mantener el aire, el agua y la tierra limpios ayuda a que todos los seres vivos se mantengan saludables.

Repaso de la lectura ¿Cómo ayuda la conservación a proteger nuestros recursos?

Resumen Los recursos naturales nos dan lo que necesitamos para vivir.

Cuando reciclamos los desperdicios de comida ayudamos a mantener la tierra saludable.

Repaso

1. 💡 ¿Qué es un recurso natural?

2. **Vocabulario** ¿Cuáles son dos tipos de **combustible**?

3. ✏️ **Redacción** Lleva un diario de recursos naturales. Escribe los nombres de los recursos que uses en un día.

4. ⭐ **Causa y efecto** ¿Por qué debemos cuidar de nuestros recursos naturales?

Los alimentos en el pasado

Reflexiona
¿Cómo obtenían sus alimentos las personas del pasado?

✓ Las familias pioneras usaban el clima para decidir cuándo sembrar y recoger la cosecha.

✓ Cada miembro de una familia pionera trabajaba arduamente para sembrar y preparar los alimentos.

Vocabulario
cultivo
clima

Causa y efecto

Normas de California
HSS 2.4.1

Muchos pioneros vivían en granjas. Usaban la tierra y el agua para sembrar cultivos y así alimentar a sus familias. Los **cultivos** son plantas que sembramos para obtener alimento y suplir otras necesidades.

Estaciones de siembra

La estación de siembra en California puede ser larga o corta dependiendo del clima del lugar. El **clima** es el tipo de tiempo que tiene un lugar durante un periodo. El clima es caliente y seco en el valle central durante el verano, y templado y húmedo durante el invierno. Como este clima es bueno para el trigo, muchos granjeros lo sembraban en ese lugar.

Los granjeros araban los campos en la primavera. Hacían hileras en la tierra. Las mujeres y los niños ayudaban a plantar semillas en esas hileras. Luego, los granjeros cubrían las semillas con más tierra.

En el verano, todos cuidaban de sus cultivos. Espantaban a los animales que llegaban a comerse las plantas.

En el otoño, los granjeros recogían sus cultivos. Guardaban la mayoría de esos cultivos para alimentar a sus familias durante el invierno y vendían el resto. **Repaso de la lectura** ¿Cómo ayudaba el clima a los granjeros pioneros?

Guardando alimentos para el invierno en 1910.

Problemas con los cultivos

El clima era una preocupación para los granjeros pioneros. A veces, no llovía durante mucho tiempo y los cultivos se echaban a perder. En otras ocasiones había tormentas muy fuertes que arruinaban las plantas.

Los insectos y otros animales también les preocupaban. Grandes enjambres de saltamontes podían comerse todo el cultivo en un día o los conejos y ratones se comían las plantitas cuando comenzaban a crecer.

Cuando perdían sus cultivos, algunas familias pioneras se desanimaban y regresaban a donde habían vivido anteriormente. Otras, sin embargo, decidían quedarse y comenzar de nuevo.

Repaso de la lectura ¿Qué podía arruinar los cultivos de un granjero?

Resumen En el pasado, las personas tenían que trabajar arduamente para cultivar los alimentos que necesitaban.

Los niños en la historia

Maud Van Wig

Una familia pionera grande debía trabajar mucho para obtener todo su alimento. Maud Van Wig vivía en una granja en Ontario, California. Había siete personas en su familia. Maud ayudaba recogiendo los huevos de las gallinas y ordeñando las vacas.

Repaso

① ¿Cómo obtenían sus alimentos las personas del pasado?

② **Vocabulario** Nombra un trabajo que hacía un granjero para sembrar un **cultivo**.

③ **Actividad** Haz un dibujo que muestre cómo obtenía su alimento de la tierra un granjero del pasado.

④ **Destreza clave** **Causa y efecto** ¿Por qué las familias pioneras a veces regresaban a vivir a donde vivían antes?

Herramientas del pasado

Las personas que estudian la historia se llaman historiadores. Los historiadores observan los objetos que las personas tenían hace mucho tiempo. Esto los ayuda a aprender cómo vivían y qué herramientas usaban para satisfacer sus necesidades.

① Los granjeros del pasado usaban estas herramientas en sus granjas.

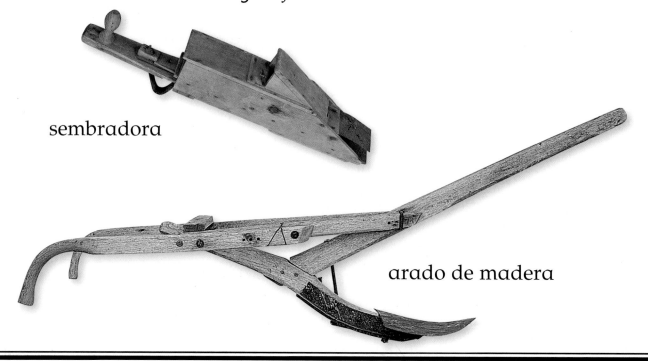

sembradora

arado de madera

Los granjeros podían comprar
sus herramientas por catálogo.

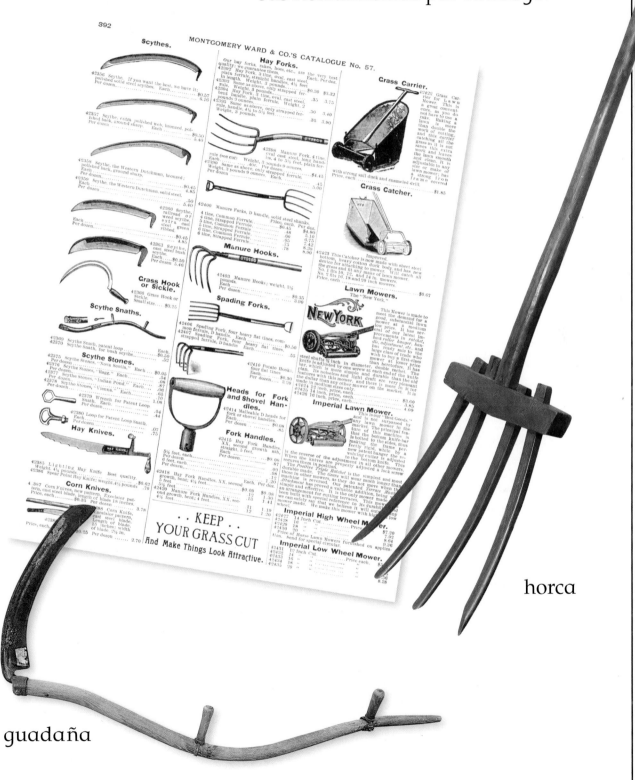

horca

guadaña

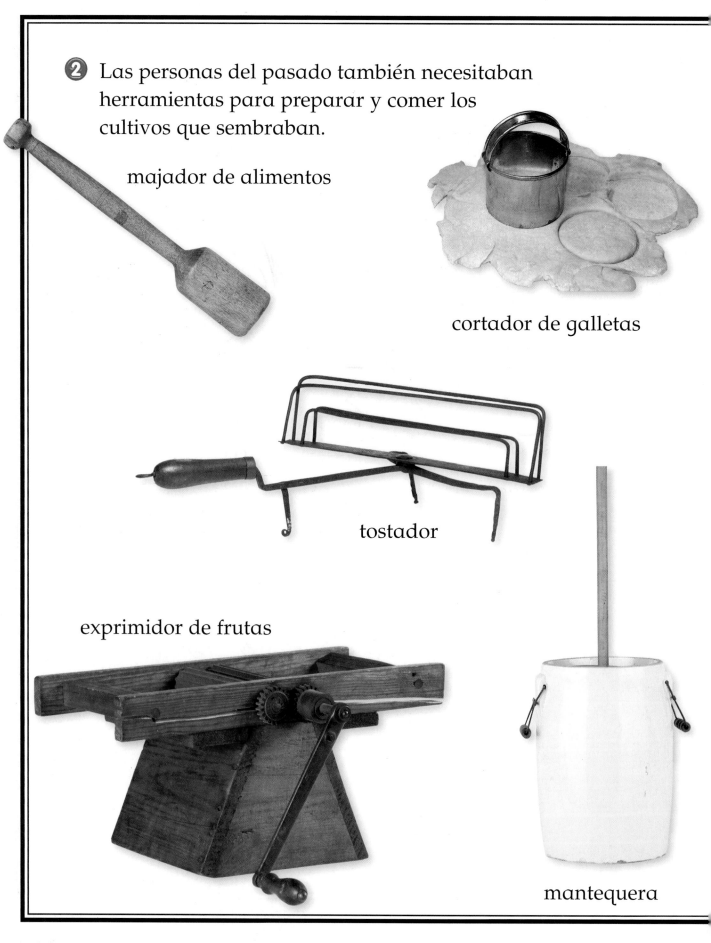

② Las personas del pasado también necesitaban herramientas para preparar y comer los cultivos que sembraban.

majador de alimentos

cortador de galletas

tostador

exprimidor de frutas

mantequera

Sacando agua

Recogiendo desechos de búfalo para usarlos como combustible

DESTREZA DE ANÁLISIS ## Analiza las fuentes primarias

Observa de nuevo las herramientas que las personas usaban para preparar los alimentos en el pasado. ¿Qué herramientas han cambiado? ¿Cómo han cambiado? Escribe un párrafo que describa cómo ha cambiado una herramienta.

APRENDE en línea Visita PRIMARY SOURCES en **www.harcourtschool.com/hss** para hallar fuentes primarias.

La agricultura en el presente

Reflexiona
¿Cómo usan los granjeros la tecnología para producir alimentos hoy en día?

✔ La tecnología ha cambiado la manera en que los granjeros hacen su trabajo.

✔ Las nuevas herramientas ayudan a los granjeros de hoy a sembrar cultivos más grandes que los de los granjeros del pasado.

Vocabulario
tecnología

Destreza clave
Causa y efecto

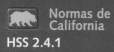
Normas de California
HSS 2.4.1

Muchas de las herramientas que usan los granjeros de hoy son diferentes de las que usaban los granjeros del pasado. La tecnología ha facilitado y agilizado el trabajo agrícola. La **tecnología** es el uso de nuevos objetos e ideas en la vida diaria.

DESTREZA DE ANÁLISIS ¿Cómo ha cambiado la siembra de semillas?

La tecnología y la agricultura

Hoy en día, la tecnología ayuda a los granjeros a sembrar cultivos más grandes que los que sembraban los granjeros en el pasado. El trabajo que se hacía antes en una semana, ahora se puede hacer en unas horas. Los granjeros de hoy pueden sembrar y recolectar los cultivos de un área más grande en menos tiempo. Esto significa que pueden producir más cantidad de alimento.

Con mejores herramientas agrícolas, los granjeros pueden hacer un mejor trabajo. Un disco divide el suelo antes de plantar. Un cultivador suelta la tierra que está alrededor de las raíces de las plantas para que el agua les pueda llegar fácilmente. Un recolector corta el trigo y saca los granos.

¿Cómo ayudan estas herramientas agrícolas a los granjeros con sus cultivos?

Herramientas agrícolas

Disco

Es importante asegurarse de que los cultivos reciban suficiente agua. Muchos granjeros usan tuberías y rociadores para llevar el agua a los cultivos en lugares con clima árido.

Repaso de la lectura ¿Cuáles son algunas herramientas que los granjeros usan hoy en día?

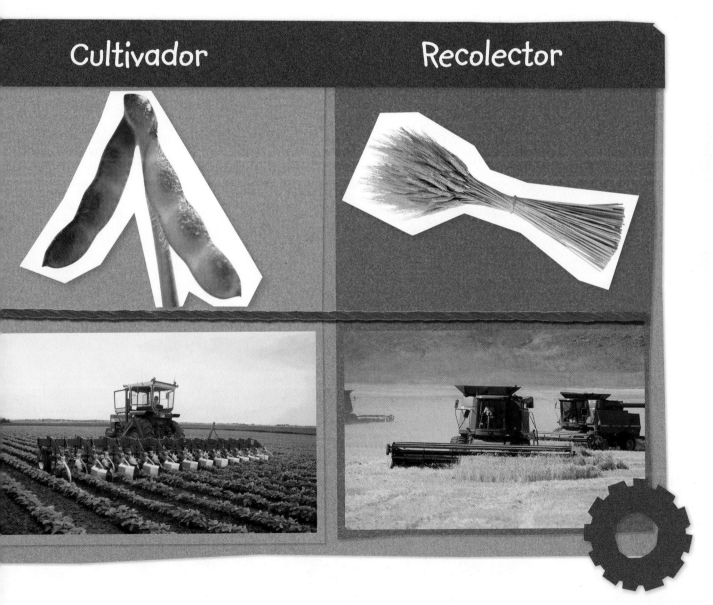

Cultivador

Recolector

La agricultura del futuro

En la agricultura del futuro, quizás se va a usar menos un recurso natural: la tierra. La hidroponía es un tipo de agricultura que no usa tierra. Las plantas crecen en agua que contiene los minerales que necesitan. Un sistema de tuberías mueve el aire y el agua alrededor de las raíces.

¿Qué recurso natural usa la hidroponía? ¿Qué recurso ahorra?

plantas flotantes

conducto de aire

raíces

bomba de aire

La tecnología y el clima

La nueva tecnología también ayuda a los granjeros a saber qué tipo de clima se aproxima. Pueden obtener información sobre la temperatura, el viento, la humedad y las tormentas. Esto los ayuda a saber cúal es la mejor época para sembrar y recolectar sus cultivos.

Imagen de radar del clima en el área de Los Angeles

Repaso de la lectura ¿Cómo ayuda la nueva tecnología a que los granjeros sepan cómo será el clima?

Resumen La nueva tecnología ayuda a los granjeros a sembrar y producir más alimentos que los granjeros del pasado.

Repaso

1. ¿Cómo usan los granjeros la tecnología para producir alimentos hoy en día?

2. **Vocabulario** Nombra un tipo de **tecnología** que los granjeros usan.

3. **Actividad** Haz un dibujo de una herramienta agrícola del presente. Explica cómo ayuda a los granjeros.

4. **Causa y efecto** ¿Qué efecto ha tenido la nueva tecnología en la agricultura?

Leer un mapa de productos

▶ Por qué es importante

Algunos mapas muestran los productos y recursos de un lugar. Un **producto** es algo hecho por las personas o la naturaleza.

▶ Lo que necesitas saber

En un **mapa de productos** se usan símbolos para identificar recursos y productos, y mostrar dónde se hallan o se hacen. En el mapa de la siguiente página se muestran algunos de los recursos y productos de California.

▶ Practica la destreza

1 ¿Qué productos se muestran en la leyenda del mapa?

2 ¿Qué tipo de animal se cría en el sur de California?

3 ¿En qué masa de agua hay peces?

4 ¿En qué parte de California se pueden encontrar productos forestales?

Productos de California

OREGON

NEVADA

ARIZONA

MÉXICO

Leyenda

- Ganado vacuno
- Algodón
- Productos lácteos
- Pescado
- Productos forestales
- Uvas
- Otras frutas

OCÉANO PACÍFICO

Río Klamath

Río Sacramento

Lago Tahoe

R. San Joaquín

Río Salinas

Mar de Salton

Río Colorado

Desierto de Mojave

Eureka
Redding
Santa Rosa
Oakland
San Francisco
San Jose
Monterey
Sacramento
Stockton
Modesto
Fresno
Ridgecrest
Bakersfield
Barstow
Needles
Santa Barbara
Los Angeles
Pasadena
Palm Springs
Long Beach
Escondido
San Diego

Norte
Oeste — Este
Sur

0   75   150 millas
0   75   150 kilómetros

Aplica lo que aprendiste

DESTREZA DE ANÁLISIS El arroz es otro cultivo que se siembra en California. Investiga dónde se siembra. ¿Dónde se pondría un símbolo de arroz en el mapa?

 Practica tus destrezas con mapas y globos terráqueos con el **CD-ROM GeoSkills.**

209

El patio de recreo comestible

Los granjeros saben lo importante que es tener un buen suelo para sembrar alimentos. Lee sobre una mujer que quiere que los niños aprendan lo que los granjeros saben sobre la siembra de cultivos.

Alice Waters pensaba que las personas no sabían lo suficiente sobre la siembra y el consumo de los alimentos saludables. Entonces, decidió sembrar un huerto en una escuela de California con el apoyo de algunos miembros de la comunidad.

Alice Waters con niños de la escuela

En el huerto, los niños aprenden cómo se siembran y cuidan los cultivos. Eligen sus tareas, como arrancar maleza o plantar semillas. Luego, escriben en sus diarios de jardinería sobre lo que aprenden.

El proyecto del patio de recreo comestible de la escuela secundaria Martin Luther King, Jr., en Berkeley, California

Más adelante, la escuela hizo un salón-cocina. Allí, los niños trabajan juntos para preparar comidas con los alimentos de su huerto.

Los niños comen lo que preparan. Se sientan, hablan y comen en un ambiente tranquilo, como Alice Waters considera que las personas deben comer.

¿Sabías que...?

¿Sabías que puedes hacer cosas para mostrar que te preocupas por tu escuela?

⭐ Pregunta si puedes plantar un jardín de flores para que todos lo disfruten.

⭐ Pon la basura en su lugar.

Piensa

Aplícalo
¿Qué debe aprender un buen ciudadano sobre la tierra?

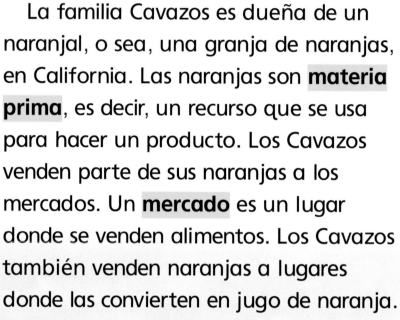
De la granja a la mesa

Reflexiona
¿Cómo llegan los alimentos de la granja a nuestra mesa?

✔ Los granjeros envían sus cultivos a las plantas procesadoras.

✔ Los distribuidores llevan los alimentos a los mercados.

Vocabulario
materia prima
mercado
planta procesadora
distribuidor

 Causa y efecto
Destreza clave

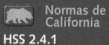 Normas de California
HSS 2.4.1

La familia Cavazos es dueña de un naranjal, o sea, una granja de naranjas, en California. Las naranjas son **materia prima**, es decir, un recurso que se usa para hacer un producto. Los Cavazos venden parte de sus naranjas a los mercados. Un **mercado** es un lugar donde se venden alimentos. Los Cavazos también venden naranjas a lugares donde las convierten en jugo de naranja.

En la granja

Se necesitan muchas personas para recolectar las naranjas maduras. La familia Cavazos contrata a trabajadores migrantes como ayudantes. Estos trabajadores van de granja en granja.

Hace algunos años, los trabajadores migrantes no recibían un trato justo. En California, un hombre llamado César Chávez los ayudó. Fundó un grupo que hoy se llama Sindicato de Trabajadores Agrícolas de América. Actualmente, este grupo se asegura de que se trate con equidad a los trabajadores migrantes.

Repaso de la lectura ¿Qué hizo César Chávez?

César Chávez habla a los trabajadores agrícolas sobre sus derechos.

En la planta procesadora

Después de recolectar las frutas, las naranjas se mandan a una planta procesadora. Una **planta procesadora** es un lugar donde los alimentos se convierten en productos alimenticios. En esta planta, las naranjas se convierten en jugo de naranja.

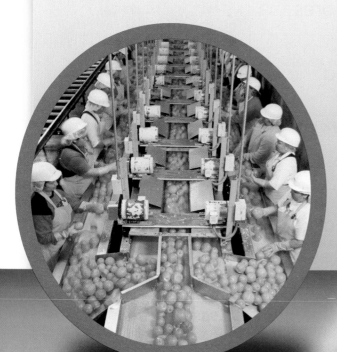

1 Lavan

2 Exprimen el jugo

214

En la planta procesadora, primero se lavan y se clasifican las naranjas. Después, se les exprime el jugo. Luego, este jugo se calienta para que se pueda beber sin correr peligro. Por último, se vierte en botellas plásticas que están listas para la venta.

Repaso de la lectura ¿Cómo cambian los alimentos en una planta procesadora?

⚡**Datos breves**

En 1873, Eliza Tibbets plantó dos árboles de naranjas ombligonas en Riverside, California. Uno de esos árboles todavía está en pie.

3 Calientan

4 Embotellan

215

En el mercado

El jugo de naranja está finalmente listo para ser llevado al mercado. Un **distribuidor** es la persona que lleva un producto alimenticio de la planta procesadora al mercado.

Dentro de Estados Unidos, el jugo de naranja se puede transportar en trenes y camiones. Las naranjas y el jugo se pueden enviar a otro país por barco o avión. Todos estos tipos de transporte tienen un sistema de refrigeración para que los alimentos se conserven frescos.

Los distribuidores de alimentos hacen posible que los granjeros, como los Cavazos, lleven los alimentos de sus granjas a los mercados. Así, las personas de diferentes lugares pueden disfrutar el jugo de las naranjas que se siembran en California.

Repaso de la lectura ¿Qué les sucede a los cultivos después de que se procesan?

Resumen Un cultivo pasa por muchos lugares y pasos antes de ser convertido en el alimento que se lleva a la mesa.

Repaso

❶ ¿Cómo llegan los alimentos de la granja a nuestra mesa?

❷ **Vocabulario** ¿Cómo lleva un **distribuidor** los alimentos a los mercados?

❸ **Redacción** Investiga cómo llega la leche de la granja a tu mesa. Luego escribe y muestra la información que hallaste.

❹ **Causa y efecto** ¿Por qué los distribuidores refrigeran ciertos alimentos cuando los transportan? ¿Qué sucedería si no lo hicieran?

Usar un organigrama

❯ Por qué es importante

Un **organigrama** muestra los pasos que se necesitan para hacer algo. Puedes usar un organigrama para mostrar los pasos que los trabajadores siguen para hacer un producto.

❯ Lo que necesitas saber

El título del organigrama indica de qué trata. Cada ilustración tiene una oración que explica el paso. Las flechas muestran el orden de los pasos.

❯ Practica la destreza

1 ¿Qué muestra el organigrama?

2 ¿Cuál es el primer paso?

3 ¿Qué sucede después de que se procesan las naranjas?

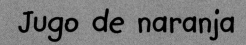

Jugo de naranja

① Se recolectan las naranjas.

② Se procesan las naranjas.

③ Se lleva el jugo al mercado.

④ Se compra el jugo en el mercado.

❯ Aplica lo que aprendiste

Aplícalo Haz una lista de los pasos que sigues para hacer algo diariamente. Usa tu lista para hacer un organigrama.

219

Integridad

Respeto

Responsabilidad

Equidad

Bondad

Patriotismo

Dolores Huerta

La importancia del carácter

❓ ¿Cómo ayudó la responsabilidad de Dolores Huerta a los trabajadores agrícolas?

Cuando era maestra, Dolores Huerta vio que sus estudiantes llegaban a la escuela con hambre y necesitando zapatos. Ella decidió que podía ayudarlos más si ayudaba a sus padres. Muchos de ellos eran campesinos de México y no hablaban inglés. Dolores decía: "Vestir y alimentar a los niños es una cosa, pero es mucho más significativo enseñarles que otras personas, aparte de ellos, también son importantes...".*

*Dolores Huerta. Words of Women Quotations for Success. Power Dynamics Publishing, 1997.

Dolores Huerta trabajó para mejorar las condiciones de vida de los trabajadores agrícolas.

Carteles como este recordaban a las personas que no debían comprar ciertos alimentos.

Dolores Huerta trabajó con César Chávez para fundar la Asociación Nacional de Trabajadores Agrícolas.

Dolores Huerta habló con muchas personas sobre la manera en que se maltrataba a los trabajadores agrícolas. Además, les comenzó a pedir que no compraran ciertos cultivos. Cuando los dueños de las granjas comenzaron a perder dinero, decidieron escucharla. Su labor ayudó a que en 1975 se aprobara la ley de relaciones laborales agrícolas en California. Esta ley daba a los trabajadores agrícolas el derecho a pedir mejores salarios y viviendas.

Visita MULTIMEDIA BIOGRAPHIES en **www.harcourtschool.com/hss** para hallar biografías multimedia.

Biografía breve

1930   Presente

Fechas importantes

Década de 1980 Funda la estación de radio KUFW para hablar por los trabajadores agrícolas

1984 Recibe el premio de Líder laboral excepcional

1993 Entra en el Salón de la Fama de las Mujeres

1999 El presidente Clinton le otorga el Premio Presidencial de los Derechos Humanos Eleanor D. Roosevelt

221

LA HISTORIA DE
Johnny Appleseed

escrita e ilustrada por Aliki

Hace muchos años,
cuando América era un país joven,
vivía allí un hombre gentil y valiente
llamado John Chapman.
John amaba la naturaleza.
Le encantaba caminar en el bosque,
entre los árboles y las flores,
feliz y absorto
en sus propios pensamientos.

Un día, después de una larga caminata,
John se sentó a descansar bajo un árbol.
Sintió el sol caliente sobre su espalda,
y la hierba fresca que le hacía cosquillas
en los dedos de los pies.
John sacó una manzana de su bolsa
y se la comió.
Y una vez que hubo terminado,
miró atentamente
lo que había quedado en su mano:
solamente unas semillas
de color castaño.
Entonces John pensó:
Si uno recolectara semillas
y las sembrara,
la tierra pronto se llenaría
de manzanos.

223

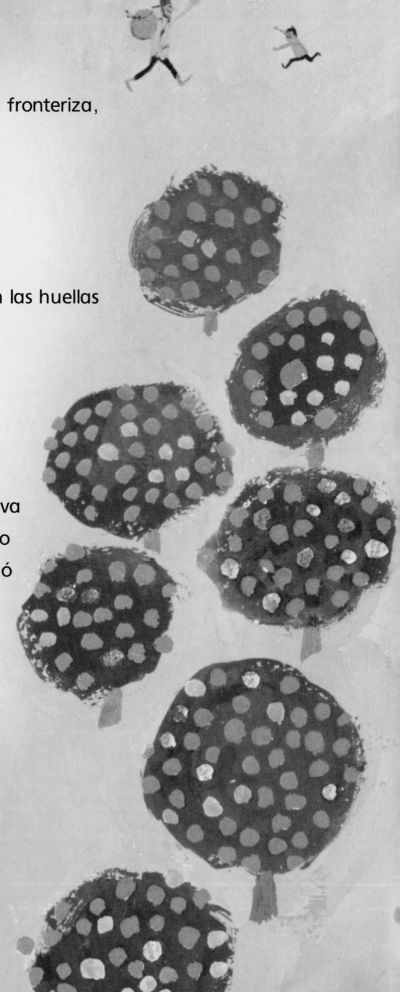

John Chapman vivía en la región fronteriza,
en Massachusetts, donde el país
ya había sido colonizado.
A diario marchaban pioneros
rumbo al oeste, donde no había
ni casas, ni poblados,
y los únicos caminos a seguir eran las huellas
dejadas a su paso por los indios.

En carros cubiertos con toldos,
los pioneros hacían el largo y
peligroso recorrido
a través del territorio desolado.
Ellos querían emprender una nueva
vida en una parte del país aún no
colonizada. John Chapman decidió
ir rumbo al oeste también.
Pero él no viajó en un carro con
toldo. Él hizo el recorrido a pie
y descalzo.

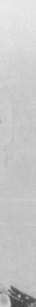

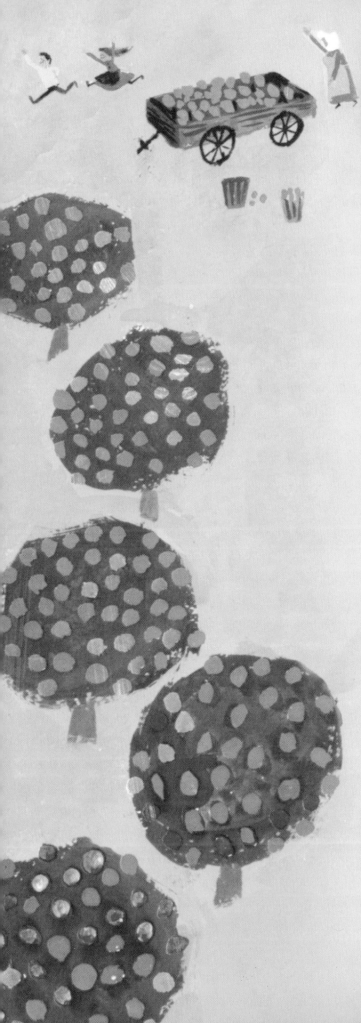

No llevaba armas, como solían hacer
los hombres en aquellos tiempos,
para protegerse del peligro
y de los animales salvajes.
Él sólo llevaba una bolsa grande
sobre su espalda,
llena de semillas de manzana,
y una olla en la cabeza.

A su paso, John sembraba
semillas y las obsequiaba en un
pequeño saco a todos los que se
encontraba en su camino.
Pronto, todos los que le conocían,
comenzaron a llamarlo
Johnny Appleseed.

Responde

¿Qué crees que habría
sucedido si Johnny
Appleseed no hubiera
plantado las semillas
de manzana mientras
caminaba?

225

Una granja de abulones

Prepárate

Las personas que visitan la granja de abulones de Estados Unidos, pueden ver cómo se cría un tipo de comida especial: el abulón. Los abulones son moluscos, o sea, animales acuáticos que tienen una concha exterior dura en vez de un esqueleto. En un principio, los abulones son animales microscópicos. Cuando alcanzan cuatro pulgadas de largo, los granjeros los venden en los mercados. Entonces, las personas los compran para usarlos como alimento.

Ubícalo
California

Davenport Landing

Observa

La granja de abulones de EE.UU. está en la playa Davenport Landing. Esta ubicación permite a los granjeros bombear el agua salada que los abulones necesitan para crecer.

226

Los granjeros mantienen los abulones en tanques de agua salada. Al principio, los alimentan con algas. Después de unos seis meses, los pasan a otros tanques donde los alimentan con otro tipo de algas.

Los abulones tardan cuatro o cinco años en crecer lo suficiente para que los granjeros los puedan vender en los mercados.

Un paseo virtual

APRENDE en línea

Visita VIRTUAL TOURS en www.harcourtschool.com/hss para realizar un paseo virtual.

Repaso

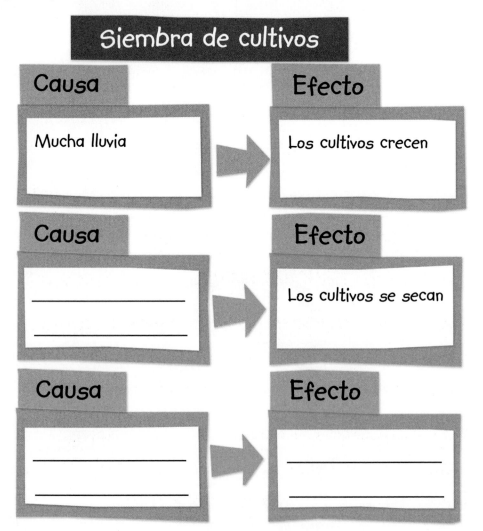

Los recursos Las personas siempre han necesitado la tierra y sus recursos para vivir.

Destreza clave

Causa y efecto

Completa el organizador gráfico para mostrar lo que aprendiste sobre la siembra de cultivos.

Siembra de cultivos

Causa		Efecto
Mucha lluvia	→	Los cultivos crecen
_____ _____	→	Los cultivos se secan
_____ _____	→	_____ _____

Usa el vocabulario

Completa cada oración.

1 Los alimentos de la granja se convierten en un _____ en la planta procesadora.

2 La nueva _____ ayuda a los granjeros a sembrar más cultivos.

3 Las naranjas son la _____ que se usa para hacer otros productos.

4 El agua es un importante _____ que se usa para producir electricidad.

5 El trigo es un tipo de _____.

recurso natural
(pág. 188)

cultivo
(pág. 194)

tecnología
(pág. 202)

producto
(pág. 208)

materia prima
(pág. 212)

Recuerda los datos

6 ¿Cómo podemos usar el aire como un recurso natural?

7 ¿Qué hacía un granjero pionero en el otoño?

8 ¿Cómo llevan algunos granjeros el agua a los cultivos?

9 ¿Dónde se convierten las naranjas en jugo de naranja?

    A en la granja   **C** en la planta procesadora

    B en la casa   **D** en el mercado

10 ¿A quiénes ayudó César Chávez?

    A trabajadores migrantes   **C** cultivadores de naranjas

    B granjeros   **D** distribuidores

Piensa críticamente

11 **DESTREZA DE ANÁLISIS** ¿Por qué los recursos naturales se usan de diferentes maneras en diferentes lugares?

12 **Aplícalo** ¿Qué sucedería si nadie reciclara o conservara los recursos en su comunidad?

Aplica las destrezas

13 ¿Qué muestra este mapa?

14 ¿Qué productos se muestran en la leyenda del mapa?

15 ¿Qué cultivos se siembran en el sur de California?

16 ¿En qué parte de California hallamos tomates?

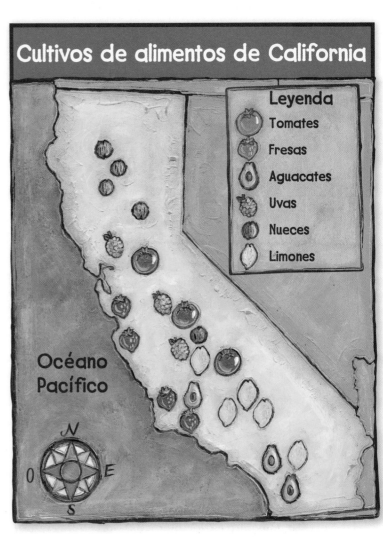

Cultivos de alimentos de California

Leyenda
Tomates
Fresas
Aguacates
Uvas
Nueces
Limones

Océano Pacífico

N
O E
S

Aplica las destrezas

Reciclaje

① Los artículos se lavan.

② Se clasifican en recipientes.

③ Se ponen en la acera.

④ Los camiones se los llevan.

⑰ ¿Qué muestra el organigrama?

⑱ ¿Cuál es el segundo paso?

⑲ ¿Qué sucede después de clasificar los artículos en recipientes?

⑳ ¿Qué sucede después de que los recipientes se ponen en la acera?

231

Actividades

Muestra lo que sabes

Lecturas adicionales

Los bienes del mundo
por Susan Ring

Las pasas de California
por Jordan Brown

De la granja a la mesa
por Lisa deMauro

Actividad de redacción

Elige un producto Piensa en tu producto agrícola favorito.

Escribe un párrafo descriptivo Escribe un párrafo que describa tu producto agrícola favorito. Incluye datos y detalles.

Proyecto de la unidad

Organigrama de los recursos de la tierra Haz un organigrama sobre el uso de los recursos para producir alimentos.

- Haz una lluvia de ideas para el organigrama.
- Ilustra y explica un paso del organigrama.
- Contesta las preguntas de tus invitados.

APRENDE
en línea

Visita ACTIVITIES en **www.harcourtschool.com/hss** para hallar otras actividades.

Las personas en el mercado

Comienza con las normas

2.4 Los estudiantes comprenden conceptos básicos de economía y su propio rol en la economía, y demuestran destrezas básicas de razonamiento económico.

La gran idea

El trabajo

Los productores y consumidores dependen unos de otros para adquirir los bienes y servicios que desean. Los productores proveen los bienes y servicios que los consumidores compran.

Reflexiona

✓ ¿Cómo dependen unos de otros los productores y consumidores?

✓ ¿Cómo obtenemos dinero para pagar por los bienes y servicios?

✓ ¿Por qué hacemos, vendemos y compramos unas cosas más que otras?

✓ ¿Por qué los países intercambian bienes con otros países?

Muestra lo que sabes

★ Prueba de la Unidad 5

✏ Redacción: Escribe un anuncio

🖌 Proyecto de la unidad: Feria de la clase

Las personas en el mercado

Habla sobre el trabajo

"Gané dinero para comprarle un regalo a mi hermano".

"Me fijo en los precios antes de decidir qué voy a comprar".

"Uso el dinero que ahorro para comprar lo que quiero".

233

vocabulario

productor Una persona que cultiva, hace o vende bienes.
(página 246)

bienes Cosas que se pueden comprar y vender. (página 247)

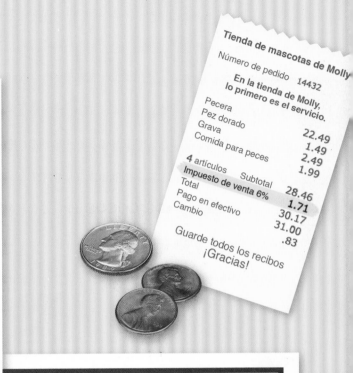

servicios Trabajos que se hacen para otros. (página 247)

mercado Donde las personas compran y venden bienes y servicios. (página 270)

consumidor Una persona que compra y usa bienes y servicios. (página 249)

APRENDE
en
línea

Visita **www.harcourtschool.com/hss** para hallar recursos en Internet para usar con esta unidad.

235

La lectura en los Estudios Sociales

⭐ Destreza clave
Categorizar y clasificar

Mientras lees, puedes categorizar y clasificar información. Cuando categorizas y clasificas, ordenas las cosas en grupos.

● Decide cómo se llamará cada grupo.

● Coloca cada cosa en un grupo.

Practica la destreza

Lee el siguiente párrafo.

Categorizar

Clasificar

Rob y su mamá fueron de compras al mercado al aire libre. Compraron alimentos frescos, plantas y juguetes. Los alimentos que compraron fueron pimentones y pepinos. Su mamá compró un rosal amarillo y unas margaritas para sembrar en el jardín. Rob compró dos juguetes: un pito de madera y un rompecabezas. Cuando terminaron, su mamá compró una limonada y Rob compró un jugo de uva. ¡Ambos se divirtieron mucho al ir de compras juntos!

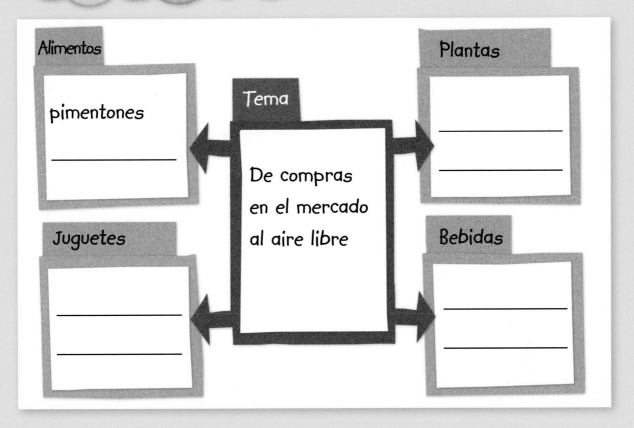

Usa esta tabla para categorizar y clasificar las cosas que Rob y su mamá compraron. Algunas cosas son alimentos y otras no lo son. ¿Qué más compraron Rob y su mamá? Copia la tabla y complétala.

Aplica la destreza mientras lees

Mientras lees esta unidad, busca algunas maneras de categorizar y clasificar la información.

237

Guía de preparación

Una guía de preparación es una lista de oraciones que te ayuda a prepararte para la lectura. Entonces, cuando lees, puedes ver si esas oraciones son verdaderas o falsas.

Practica la destreza

Copia las oraciones de la siguiente página. Trabaja en un grupo pequeño para decidir si cada oración es verdadera o falsa.

- Lee cada oración.

- Si crees que la oración es correcta, marca V.

- Si crees que la oración es incorrecta, marca F.

Guía de preparación

V	F	1. Por lo general, las personas hacen ellas mismas todas las cosas que necesitan.
V	F	2. La mayoría de las personas no tienen que ganar dinero para comprar lo que desean.
V	F	3. Las personas no pueden ser dueñas de sus propios negocios.
V	F	4. Si todos quieren comprar el mismo artículo, tal vez resultará muy difícil de conseguir.
V	F	5. A veces tienes que ahorrar para comprar las cosas que quieres.
V	F	6. Todos los países tienen todos los recursos que necesitan.

Aplica la destreza mientras lees

Mientras lees la unidad, usa la Guía de preparación de arriba. Luego, comenta cómo la información de la unidad cambió tu opinión acerca de algunas de las oraciones.

EL SUPERMERCADO

por Kathleen Krull

ilustrado por Melanie Hope Greenberg

Los carritos de metal resuenan.

Las puertas mágicas se abren y se cierran.

Los colores resplandecen bajo las brillantes luces.

¡Tantos desayunos, almuerzos y cenas!

Todo está en un lugar especial, necesario y muy real:

el supermercado.

AVENA Y MUCHO MÁS

De acuerdo con algunas encuestas, cuando los compradores entran en una tienda, en solo unos 8 segundos se dan cuenta si la tienda les gusta. Lo primero que ven los ayuda a decidir.

Realmente, las puertas no se abren por arte de magia. Cuando un "ojo" electrónico que está arriba de ellas "ve" que te acercas, activa un motor que las abre.

El supermercado es un pequeño mundo. ¿De dónde provienen todos estos alimentos crujientes y apetitosos, dulces o amargos, calientes o congelados, todos fabulosos?

Granjas La Felicidad

Ciertos estados son famosos por sus alimentos. Iowa es famoso por las palomitas de maíz, Vermont, por el jarabe de arce, Michigan, por los cereales, Wisconsin, por el queso, Idaho, por las papas, Massachusetts, por los arándanos, Florida, por las naranjas, California, por las uvas, Georgia, por los duraznos y los cacahuates.

Todo se origina en las granjas. Nuestros alimentos provienen de lugares donde el sol brilla, el suelo es fértil y el agua es pura. Todos los días, durante los largos meses de siembra, los granjeros siempre están tomando decisiones.

242

Durante el tiempo de cosecha, los trabajadores recogen las frutas y los vegetales. Guardan todo muy bien en cajas y las cargan en camiones.

Granjas La Felicidad

Granjas Felic

Recoger frutas y vegetales puede ser un trabajo arduo y en el que se gana poco. César Chávez (1927–1993) se convirtió en un héroe para los trabajadores cuando fundó el Sindicato de Trabajadores Agrícolas de América.

Camiones pequeños, grandes, gigantes, todos aceleran sus motores. Todas las noches, los conductores parten de las granjas o los almacenes.

Pasan velozmente por las autopistas hacia tu pueblo.

Responde

1. Entrevista a alguien que trabaje en un supermercado para saber cómo llega uno de tus alimentos favoritos a ese supermercado.

2. **Aplícalo** ¿Cuáles son algunos de los alimentos que tu familia compra?

Reflexiona
¿Cómo dependen unos de otros los productores y consumidores?

✓ Los productores proveen bienes y servicios.

✓ Los consumidores compran bienes y servicios.

Vocabulario
productor
bienes
servicios
negocio
consumidor
fábrica

 **Categorizar y clasificar**

Normas de California
HSS 2.4, 2.4.2

Los productores y consumidores

Christina vive con su familia en una comunidad donde las personas tienen muchos tipos de trabajos. Algunos trabajadores cultivan o hacen productos y otros venden productos. Un trabajador que cultiva, hace o vende productos se llama **productor**.

Los bienes y servicios

A los productos también los llamamos bienes. Los **bienes** son cosas que se pueden comprar y vender. La abuela de Christina siembra flores para vender. Su papá hace piezas para computadoras.

Los productores también proveen servicios. Los **servicios** son trabajos que se hacen para otros. El Dr. Briggs cuida de los dientes de Christina. El Sr. West le enseña a tocar el violonchelo.

Repaso de la lectura ¿En qué se parecen los bienes a los servicios?

Comprar y vender

Christina y su mamá van de compras al centro. En la calle Main hay muchos negocios. Una persona que es dueña de un **negocio** hace o vende bienes, o provee servicios. Christina va a que le corten el cabello en la peluquería. Ella y su mamá compran unas sandalias en la zapatería y un pan de pasas en la panadería. La peluquería, la zapatería y la panadería son negocios.

Christina y su mamá son consumidoras. Un **consumidor** es una persona que compra bienes o servicios. Cuando los consumidores compran cosas, proveen dinero para que los productores puedan comprar otras cosas. Esto hace que los productores también sean consumidores. El panadero compra zapatos. La vendedora de zapatos va a que le corten el cabello. El peluquero compra pan.

(Repaso de la lectura) ¿Cómo puede ser una persona tanto consumidora como productora?

Los productores en acción

Algunos bienes se siembran. Otros se hacen a mano. Muchos de los bienes que compramos se hacen en fábricas. Una **fábrica** es un edificio en el que se hacen bienes con máquinas.

Christina quiere comprar un casco de bicicleta nuevo. Cada trabajador tiene un trabajo especial en la fábrica.

Los trabajadores de la oficina de la fábrica ordenan materiales y llevan la cuenta de los pagos. Algunos trabajadores diseñan los cascos. Luego, los prueban para asegurarse de que sean seguros y ofrezcan protección. Otros trabajadores hacen otras piezas de los cascos. Luego, los arman con las diferentes piezas. Todos estos productores trabajan para que Christina pueda montar su bicicleta sin correr peligro.

Repaso de la lectura ¿Qué sucede en la fábrica antes de que se pueda vender un casco?

Resumen Los productores trabajan para proveer bienes y servicios a los consumidores.

Repaso

1. ¿Cómo dependen unos de otros los productores y consumidores?

2. **Vocabulario** ¿Qué proveen los productores de una **fábrica**, bienes o servicios?

3. **Actividad** Haz una tabla que muestre algunos de los bienes y servicios que tu familia compra.

4. **Categorizar y clasificar** Cuando Christina se mandó a cortar el cabello, ¿compró bienes o un servicio?

251

Leer una gráfica de barras

❯ Por qué es importante

Algunos datos son más fáciles de entender si se colocan en una gráfica de barras. En una **gráfica de barras** se usan barras para mostrar cantidades o números de cosas.

❯ Lo que necesitas saber

El título de una gráfica de barras indica el tipo de datos que la gráfica muestra. Cada barra representa un grupo diferente. Algunas gráficas de barras se leen de izquierda a derecha y otras, de abajo hacia arriba.

❯ Practica la destreza

❶ ¿A cuántos perros llevaron al Palacio de Mascotas el martes?

❷ ¿En qué día se peluquearon cinco perros?

❸ ¿Cuáles fueron los dos días en que hubo más trabajo?

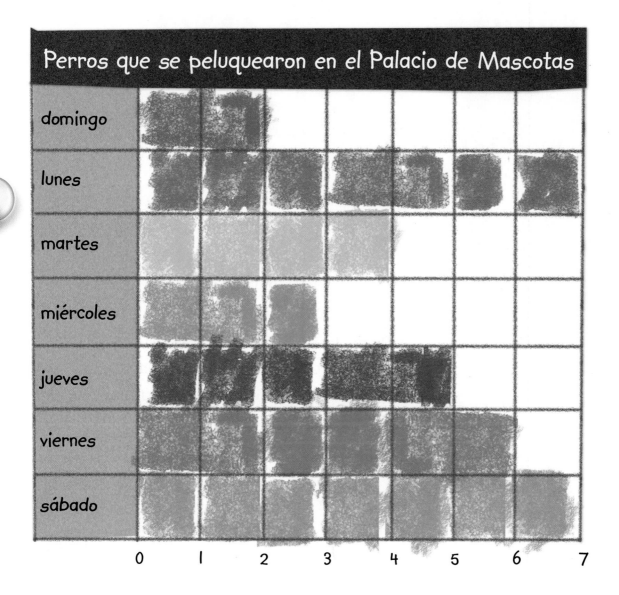

Perros que se peluquearon en el Palacio de Mascotas

	0	1	2	3	4	5	6	7
domingo								
lunes								
martes								
miércoles								
jueves								
viernes								
sábado								

☽ Aplica lo que aprendiste

Aplícalo Haz una gráfica de barras. Muestra diferentes tipos de mascotas y la cantidad de personas que conoces que tienen cada tipo de mascota.

253

Biografía

Integridad

Respeto
Responsabilidad
Equidad
Bondad
Patriotismo

La importancia del carácter

? ¿Por qué fue importante que Levi Strauss tuviera integridad en su negocio?

Levi Strauss fue un empresario que ayudó a crear los pantalones vaqueros.

Levi Strauss

Levi Strauss aprendió todo lo que necesitaba para ser un buen empresario, de su familia. Él sabía que las personas querían comprar buenos productos a precios equitativos. Cuando se descubrió el oro en California, Strauss trasladó su negocio al oeste. Quería vender mercancías, como ropa, cobijas y otros suministros, a los mineros.

El buscar oro acababa con la ropa. Entonces, los mineros pidieron a Strauss que vendiera pantalones que duraran más.

Los pantalones vaqueros duraban más que los otros pantalones porque estaban hechos con tela de dril y tenían remaches metálicos.

El trabajo arduo y el terreno escabroso acababan pronto con la ropa de los mineros.

A un sastre llamado Jacob Davis se le ocurrió que si los bolsillos se sujetaban con remaches metálicos, no se romperían fácilmente. Pero, no tenía suficiente dinero para hacer pantalones para la venta. Entonces, Strauss le ofreció su dinero para hacerlos. De ese modo, ambos podrían ganar dinero cuando los vendieran. Se hicieron socios y fabricaron los primeros pantalones vaqueros.

Visita MULTIMEDIA BIOGRAPHIES en **www.harcourtschool.com/hss** para hallar biografías multimedia.

Biografía breve

1829 — **1902**

Fechas importantes

1853 Se hace ciudadano estadounidense; comienza un negocio en San Francisco

1872 Solicita una patente al gobierno para fabricar pantalones vaqueros con bolsillos remachados

1873 El 20 de mayo, él y Jacob Davis obtienen una patente para fabricar pantalones vaqueros

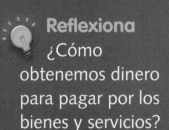
Reflexiona
¿Cómo obtenemos dinero para pagar por los bienes y servicios?

✓ Las personas tienen diferentes ocupaciones.

✓ Las personas reciben un ingreso que les sirve para pagar por los bienes y servicios.

Vocabulario
ocupación
ingreso
libre empresa
deseo

Categorizar y clasificar

Normas de California
HSS 2.4, 2.4.2

Trabajo e ingreso

Ganar dinero

Las personas reciben un pago por hacer o vender bienes, o por proveer servicios. Una **ocupación** es el trabajo que una persona hace para ganar dinero. El dinero que las personas ganan se llama **ingreso**.

Las personas eligen ocupaciones en las que pueden hacer los trabajos que les gustan. Algunas personas pueden ser buenas para cantar o enseñar. Otras disfrutan construyendo cosas o trabajando con animales. Muchas personas necesitan un entrenamiento especial para poder realizar sus trabajos.

Repaso de la lectura ¿Cómo eligen las personas sus ocupaciones?

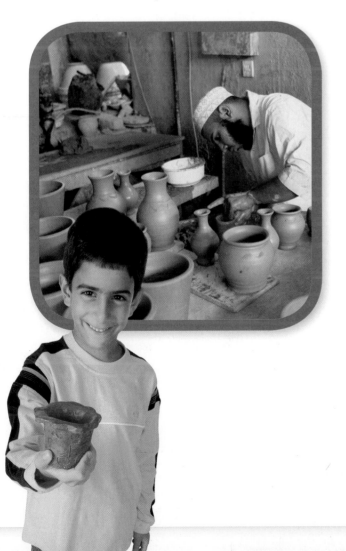

Administrar un negocio

Algunas personas deciden abrir sus propios negocios. Por ejemplo, si una persona sabe cómo fabricar un producto, podría abrir un negocio para vender ese producto. La libertad para abrir y administrar un negocio para ganar dinero se llama **libre empresa**.

Los niños también pueden participar en la libre empresa. Pueden lavar carros, rastrillar hojas, cuidar mascotas y vender cosas que ellos mismos hacen. Todos estos negocios son formas de libre empresa. Los niños que hacen estos trabajos reciben un ingreso.

Repaso de la lectura ¿Cuáles son algunas maneras en las que los niños pueden participar en la libre empresa?

Los niños en la historia

Abraham Lincoln

Cuando Abraham Lincoln era joven, estaba a cargo de una chalana en el río Ohio. Las chalanas, impulsadas con palos, se usaban para transportar los bienes cuando las personas hacían pedidos.

Gastar dinero

Las personas usan parte de su ingreso para comprar bienes y servicios. También ahorran una parte y usan otra para comprar lo que desean. Un **deseo** es algo que queremos. Una casa, la comida y la ropa son deseos. Las mascotas, los libros y las bicicletas nuevas también son deseos.

No podemos comprar todo lo que deseamos. Tenemos que tomar una decisión acerca de las cosas que son más importantes. La mayoría de las personas compran primero los bienes y servicios que las hacen sentirse protegidas y a gusto. Después compran los bienes y servicios que les gustaría tener.

Repaso de la lectura ¿Cómo deciden las personas qué bienes y servicios comprar?

Resumen Las personas trabajan para recibir un ingreso y así poder comprar bienes y servicios.

Repaso

1. ¿Cómo obtenemos dinero para pagar por los bienes y servicios?

2. **Vocabulario** ¿Qué hacen las personas con su **ingreso**?

3. **Redacción** Escribe las cosas que te gusta hacer. Elige una que podrías hacer para recibir un ingreso.

4. (Destreza clave) **Categorizar y clasificar** Escribe las ocupaciones de tus familiares o amigos adultos. Encierra en un círculo las ocupaciones en las que se producen bienes.

Leer un pictograma

❱ Por qué es importante

Algunos datos son más fáciles de entender cuando se colocan en un pictograma. En un **pictograma** se usan dibujos para mostrar cantidades de cosas.

❱ Lo que necesitas saber

El pictograma de la siguiente página muestra cómo Jen usó su dinero. La leyenda indica que cada dibujo representa cinco dólares del dinero que gastó.

❱ Practica la destreza

❶ ¿Cuánto gastó Jen en regalos?

❷ ¿En qué gastó la mayor parte de su dinero?

❸ Jen gastó más dinero, ¿en ropa o en libros?

Uso del dinero

libros	
ropa	
regalos	
cine	
ahorros	

Leyenda = $5

❯ Aplica lo que aprendiste

Aplícalo   Haz un pictograma para mostrar cómo usarías $50.

263

La historia del dinero

En el pasado, las personas trocaban, o sea, intercambiaban, bienes y servicios. Por ejemplo, intercambiaban huevos por ropa. Algunas personas usaban cuentas, conchas o incluso sal como dinero. Hoy en día, las personas pagan por los bienes y servicios con monedas, billetes, cheques y tarjetas de crédito.

sal

1 ¿Por qué crees que las personas comenzaron a usar cosas como dinero?

conchas marinas

ámbar

primeras monedas de Turquía

2 Estas monedas y billetes se usaban hace mucho tiempo en Estados Unidos.

billetes del banco National Gold

billete continental, 1776

monedas de oro, 1849

billete de polvo de oro

③ **En otros países se usan diferentes tipos de dinero.**

yuan chino

rupia de la India

yen japonés

dólar canadiense

peso mexicano

euro

dólar de Zimbabwe

4 Los billetes y las monedas no son las únicas
formas de dinero que usamos.

tarjetas de crédito

cheques

DESTREZA DE ANÁLISIS Analiza las fuentes primarias

Elige un tipo de dinero de otro país. Busca información
acerca de los personajes y las cosas que se muestran en
ese dinero. ¿Por qué crees que están allí?

APRENDE en línea Visita PRIMARY SOURCES en **www.harcourtschool.com/hss** para hallar fuentes primarias.

¿Cuánto y cuántos?

Reflexiona
¿Por qué hacemos, vendemos y compramos unas cosas más que otras?

✔ Debido a que los recursos son limitados, las personas deben decidir qué producir y qué consumir.

✔ Cuando hay escasez de bienes y servicios, las personas tienen que renunciar a algo para obtenerlos.

Vocabulario
escaso
mercado
fabricar

Destreza clave
Categorizar y clasificar

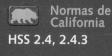
Normas de California
HSS 2.4, 2.4.3

268

Producir bienes

Iván vive en el valle de San Joaquin. Su familia produce pasas que se usan en productos como el pan de pasas. Para producir las pasas, se necesita un suelo fértil, suficiente luz solar y agua, y que las vides estén sanas.

Las pasas son uvas que se secaron al sol.

Los granjeros que siembran uvas para producir pasas enfrentan riesgos. Si no hay suficiente agua, las uvas pueden quemarse bajo el ardiente sol del verano. Si hay mucha lluvia, las uvas se pueden echar a perder mientras se secan. Si el tiempo es muy frío, las uvas se pueden congelar. En cualquiera de estas situaciones, las uvas escasearán. Decimos que algo está **escaso** cuando no hay lo suficiente para satisfacer los deseos de todos.

Repaso de la lectura ¿Qué riesgos enfrentan los granjeros que siembran uvas para producir pasas?

sequía

helada

Precios altos y bajos

En el **mercado**, o sea, donde se venden los bienes, el precio de los bienes puede subir y bajar. El precio subirá si no hay muchas pasas para vender y hay muchas personas que desean comprarlas y tienen el dinero para hacerlo. El precio bajará si hay muchas pasas para vender o si no hay muchas personas que desean comprarlas.

Durante la fabricación de los bienes, su precio también puede subir y bajar. **Fabricar** es elaborar productos por medio de máquinas. El precio de los productos depende de cuántas personas quieran comprarlos y si hay pocos o muchos para vender.

A veces, los bienes están escasos porque hay poca materia prima para hacerlos. Otras veces, la materia prima es muy costosa. Los bienes también pueden escasear si toma mucho tiempo hacerlos. Cuando un producto está escaso, las personas tienen que pagar más dinero para conseguirlo.

Repaso de la lectura ¿Por qué podría subir el precio de algo?

Resumen Cuando hay una gran cantidad de un producto, las personas pagarán menos. Cuando un producto está escaso, pagarán más.

Datos breves

Un libro nuevo de El gato en el sombrero cuesta $8.99. Como las copias de la primera impresión en inglés de este libro están escasas, el precio de una puede ser de miles de dólares.

THE CAT
IN
THE
HAT
By Dr. Seuss

Repaso

❶ ¿Por qué hacemos, vendemos y compramos unas cosas más que otras?

❷ **Vocabulario** ¿Qué pasará con el precio del pan de pasas si las pasas están **escasas**?

❸ **Actividad** Elige una materia prima. Haz un cartel para mostrar las cosas que se pueden hacer con esa materia prima.

❹ Destreza clave **Categorizar y clasificar** Mira alrededor de tu salón de clases. Escribe las cosas que están hechas con esa misma materia prima.

Decidir cuando compras

◗ Por qué es importante

Cuando vas de compras, casi siempre ves muchos bienes que te gustaría tener. Algunos cuestan más dinero del que tienes. Entonces, debes decidir qué cosas no vas a comprar para así poder obtener las que deseas.

◗ Lo que necesitas saber

Un **presupuesto** es un plan que muestra cuánto dinero tienes y cuánto dinero gastas. Si quieres comprar algo que cuesta mucho, puedes ahorrar dinero poco a poco.

Puedes poner el dinero que ahorras en el banco. Un **banco** es un negocio que guarda tu dinero. El dinero que está en un banco gana más dinero. A este dinero adicional se le llama interés.

◗ Practica la destreza

Imagina que ganaste diez dólares. Quieres ir al cine, pero también quieres comprar unos patines nuevos. Entonces, tienes que decidir si vas a gastar o ahorrar tu dinero.

● Si vas al cine, ¿qué dejarás de comprar?

● Si decides ahorrar para comprar los patines, ¿qué dejarás de hacer?

◗ Aplica lo que aprendiste

Aplícalo   Si tuvieras diez dólares, ¿gastarías el dinero inmediatamente o lo ahorrarías? ¿Por qué?

Puntos de vista

¿Qué opinas?

"¿Qué haces para asegurarte de que gastas tu dinero prudentemente?"

Carlos

"Cada semana, pongo $25 dólares en un frasco para gastarlos después".

Rick

"Estoy ahorrando para comprar unos patines en línea, por lo tanto, no gasto nada de lo que gano".

Datos del pasado

Lewis y Clark: El trueque

De 1804 a 1806, Meriwether Lewis y William Clark exploraron el Oeste. Llevaron bienes para trocar, es decir, intercambiarlos por provisiones, con los indios americanos.

274

Sra. Benítez

"Cuando veo algo que me gustaría comprar, espero una semana para asegurarme de que realmente lo quiero".

Sr. Johnson

"Uso mi dinero para pagar las cuentas y ahorro lo que sobra".

Sra. Walter

"Hago una lista de las cosas que quiero comprar para asegurarme de que mi presupuesto me alcanza".

DESTREZA DE ANÁLISIS

Es tu turno

- ¿Haces algunas de las cosas que estos ciudadanos hacen? ¿Cuáles?
- ¿Cómo te aseguras de que gastas tu dinero prudentemente?

 El intercambio

Reflexiona
¿Por qué los países intercambian bienes con otros países?

✔ Muchos grupos y naciones trabajan en conjunto para intercambiar los bienes que necesitan.

✔ Muchos grupos y naciones transportan bienes de un lugar a otro.

Vocabulario
intercambio

Destreza clave
Categorizar y clasificar

Normas de California
HSS 2.3.2

Un país no puede producir todos los bienes que sus ciudadanos desean. Muchas veces no tiene la materia prima que necesita para fabricar ciertos bienes. Sin embargo, puede que fabrique algunos bienes que otros países necesitan.

Platanar en Costa Rica

276

Trabajar con otros países

Los países intercambian con otros países para obtener la materia prima o los bienes que no tienen. El **intercambio** es el cambio de una cosa por otra. Las personas de diferentes países pueden intercambiar materia prima, bienes, servicios o dinero.

Repaso de la lectura ¿Por qué los países intercambian materia prima?

Geografía

El intercambio con otros países

Costa Rica y Ghana son dos países con los que Estados Unidos hace intercambios. Enviamos semillas de soja a ambos países. Costa Rica nos envía plátanos. Ghana nos envía cacao, que se usa para hacer chocolate.

AMÉRICA DEL NORTE

ESTADOS UNIDOS

ÁFRICA

COSTA RICA

GHANA

El intercambio mundial

Las personas de algunos países venden materia prima a las personas que fabrican bienes en Estados Unidos. Después, Estados Unidos vende los bienes que fabrica a otros países.

¿Qué producto hecho en Alemania comprarías?

Países que intercambian con Estados Unidos

Canadá	madera	jarabe de arce	papel periódico
México	frutas/vegetales	cerámica	alfombras
Japón	cámaras	computadoras/juegos	lectores de CD
Alemania	relojes	herramientas	juguetes
China	muebles	tela de seda	té

El pescado fresco de Canadá puede llegar a una mesa de Estados Unidos en unos pocos días. Las zanahorias de Rusia pueden llegar aquí y estar en tu lonchera en menos de una semana. El petróleo de Venezuela se usa como combustible para los camiones, trenes, barcos y aviones que transportan los alimentos a los mercados.

Repaso de la lectura Nombra dos países que tienen intercambio con Estados Unidos.

Resumen Las personas de diferentes países intercambian unas con otras.

Repaso

1. 💡 ¿Por qué los países intercambian bienes con otros?

2. **Vocabulario** ¿Por qué Estados Unidos **intercambia** con Ghana?

3. 🖍 **Actividad** Haz etiquetas para los bienes que te gustaría tener.

4. ⭐ **Categorizar y clasificar** Escribe los productos que provienen de Canadá.

Todos trabajamos juntos

por Woody Guthrie

ilustrada por Melissa Iwai

Mi papá decía
y mi abuelo también,
que hay un trabajo, un trabajo,
que yo puedo hacer.
Puedo pintar la cerca
y el pasto podar.
Pero si trabajamos juntos,
pronto podremos terminar.

Todos trabajamos juntos
nos meneamos y reímos.
Todos trabajamos juntos
nos reímos y divertimos.
Todos trabajamos juntos
nos meneamos y reímos.
Todos trabajamos juntos
nos reímos y divertimos.

Mi mamá decía
y mi maestra también,
que hay muchos tipos de trabajo
que yo puedo hacer.
Barrer el piso,
los platos secar.
Pero si trabajamos juntos,
pronto podremos terminar.

Todos trabajamos juntos
nos meneamos y reímos.
Todos trabajamos juntos
nos reímos y divertimos.
Todos trabajamos juntos
nos meneamos y reímos.
Todos trabajamos juntos
nos reímos y divertimos.

Responde

❶ ¿Por qué cuando trabajamos juntos terminamos un trabajo más rápidamente?

❷ **Aplícalo** ¿Qué trabajos haces en tu casa?

Excursión

El puerto de Oakland

Prepárate

Todos los días, barcos cargados con cientos de contenedores de vivos colores, llegan al puerto de Oakland. Dentro de los contenedores hay bienes como repuestos de autos, muebles, alimentos y juguetes. A su vez, otros barcos cargados con cientos de bienes salen del puerto rumbo a países como China, Japón, Tailandia y Australia. Quienes visitan el puerto pueden ver directamente lo que es el intercambio de bienes.

Ubícalo
California

Puerto de Oakland

Observa

Grúas gigantescas sacan los contenedores de los barcos. Luego, estos contenedores son transportados por todo Estados Unidos en camiones, trenes y aviones.

En el puerto de Oakland, existen reglas especiales que ayudan a mantener la tierra y el agua limpias y saludables para las plantas y los animales.

Un paseo virtual

APRENDE en línea

Visita VIRTUAL TOURS en www.harcourtschool.com/hss para realizar un paseo virtual.

Repaso

El trabajo Los productores y consumidores dependen unos de otros para adquirir los bienes y servicios que desean. Los productores proveen los bienes y servicios que los consumidores compran.

Categorizar y clasificar

Destreza clave

Copia y completa la tabla para categorizar y clasificar lo que aprendiste sobre los bienes y servicios que los productores proveen.

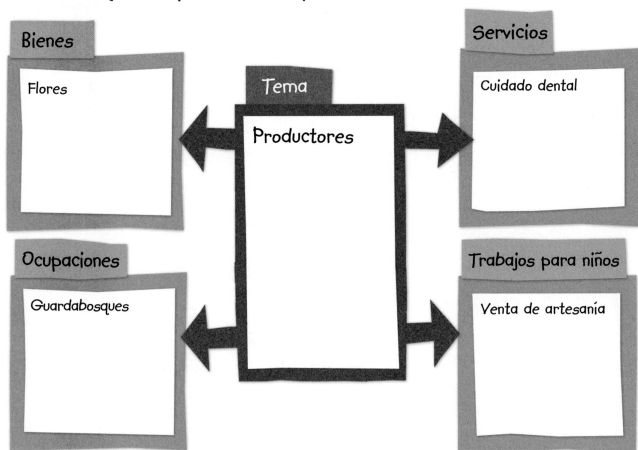

Bienes

Flores

Servicios

Cuidado dental

Tema

Productores

Ocupaciones

Guardabosques

Trabajos para niños

Venta de artesanía

Usa el vocabulario

Empareja cada palabra con su significado.

1. las cosas que se pueden comprar y vender

2. trabajos que se hacen para otros

3. un lugar donde se venden bienes

4. una persona que compra bienes y servicios

5. un trabajador que siembra, hace o vende bienes

productor
(pág. 246)

bienes
(pág. 247)

servicios
(pág. 247)

consumidor
(pág. 249)

mercado
(pág. 270)

Recuerda los datos

6. ¿Por qué las personas reciben un ingreso?

7. ¿Qué puede ocasionar escasez de bienes?

8. ¿Por qué los países intercambian bienes?

9. ¿Qué bien puede hacerse en una fábrica?

    A flores   **C** naranjas

    B pasas   **D** cascos para bicicleta

10. ¿Cómo llamamos al trabajo que una persona hace para ganar dinero?

    A ocupación   **C** consumidor

    B deseo   **D** libre empresa

Piensa críticamente

⑪ **DESTREZA DE ANÁLISIS** ¿Qué pasaría si Estados Unidos no pudiera intercambiar con otros países?

⑫ **Aplícalo** ¿Cómo sería tu vida si tu familia tuviera que proveer todos los bienes que desea?

Aplica las destrezas

Ventas de bicicletas en junio

	0	1	2	3	4	5	6	7
primera semana								
segunda semana								
tercera semana								
cuarta semana								

⑬ ¿Cuál es el título de esta gráfica de barras?

⑭ ¿Cuántas bicicletas se vendieron en la segunda semana?

⑮ ¿En qué semana se vendió más?

⑯ ¿En qué semana se vendió menos?

Aplica las destrezas

Productos de la pastelería vendidos el jueves

Pan	$5	$5	$5	$5	$5
Panecillos	$5	$5	$5	$5	
Pasteles	$5	$5			
Roscas de pan	$5	$5	$5	$5	

Leyenda

$5 = $5

17. ¿Qué muestra este pictograma?

18. ¿En qué gastan más dinero los clientes de la pastelería?

19. ¿Cuánto dinero gastan en panecillos?

20. ¿En qué gastaron más los clientes el jueves, en pasteles o en roscas de pan?

Actividades

Lecturas adicionales

Una tienda de música familiar por Stephanie Buehler

En una fábrica de aviones por Sheila Sweeny

Cuando los recursos son escasos por Lisa deMauro

Muestra lo que sabes

Actividad de redacción

Crea un comercial Piensa en algo para vender. ¿Por qué crees que otros quisieran comprarlo?

Escribe un anuncio Escribe un anuncio para vender tu artículo. Usa detalles para describirlo.

Proyecto de la unidad

Feria de la clase Organiza una feria de la clase.

- Ofrece bienes o servicios.
- Diseña anuncios y volantes.
- Vende tus bienes o servicios en la feria de la clase.
- Piensa en la razón por la cual algunos artículos se venden mejor que otros.

APRENDE en línea

Visita ACTIVITIES en **www.harcourtschool.com/hss** para hallar otras actividades.

Las personas mejoran el mundo

Comienza con las normas

2.5 Los estudiantes comprenden la importancia del carácter y la acción individual, y explican cómo los héroes del pasado lejano y del pasado reciente han influido en la vida de otras personas (por ejemplo, a través de las biografías de Abraham Lincoln, Louis Pasteur, Sitting Bull, George Washington Carver, Marie Curie, Albert Einstein, Golda Meir, Jackie Robinson, Sally Ride).

La gran idea

Las personas

Las acciones de los héroes del presente y del pasado influyen en nuestras vidas.

Reflexiona

✓ ¿Cuáles son algunos científicos e inventores que han mejorado la vida de las personas?

✓ ¿Cómo demostraron valor algunos héroes?

✓ ¿Qué han hecho algunas personas para mejorar la vida de los demás?

✓ ¿Qué héroes han mejorado el mundo al explorar nuevos lugares e ideas?

Muestra lo que sabes

★ **Prueba de la Unidad 6**

✎ **Redacción: Escribir un párrafo**

🖌 **Proyecto de la unidad: Día del héroe**

Las personas mejoran el mundo

"Los voluntarios ayudan a organizar los juegos olímpicos especiales".

"Las porristas animan a los competidores a continuar".

"Terminé la carrera y me siento orgulloso".

vocabulario

héroe Una persona que ha hecho algo con mucho valor o algo importante. (página 298)

valor La capacidad de enfrentar el peligro con osadía. (página 308)

científico Una persona que observa y estudia cosas en nuestro mundo. (página 300)

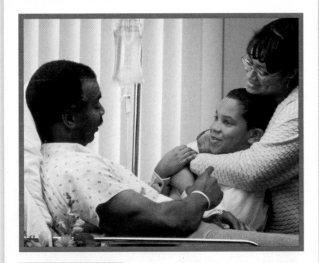

compasión La capacidad de comprender cómo se sienten los demás y de ayudarlos. (página 314)

explorador Una persona que investiga un lugar por primera vez. (página 322)

APRENDE
en línea

Visita **www.harcourtschool.com/hss** para hallar recursos en Internet para usar con esta unidad.

291

La lectura en los Estudios Sociales

 Destreza clave

Recordar y contar

Mientras lees, asegúrate de recordar y contar la información. Esto te ayudará a acordarte de lo que lees y entenderlo mejor.

- Para recordar, piensa en lo que acabas de leer.

- Para contar, pon esa información en tus propias palabras.

Practica la destreza

Lee el siguiente párrafo.

Recordar

Susan B. Anthony fue la primera mujer cuyo rostro se acuñó en una moneda de Estados Unidos. Recibió este honor porque se dedicó a luchar contra las leyes injustas. Mientras vivió, solo los hombres podían votar. Pero, gracias a su labor, se cambiaron las leyes para que las mujeres también pudieran votar.

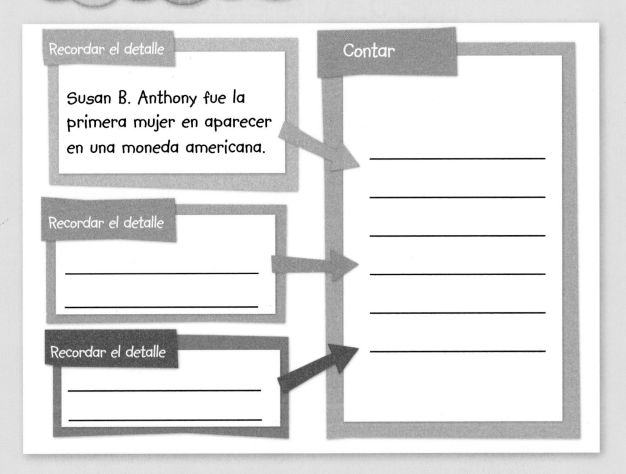

Recordar el detalle

Susan B. Anthony fue la primera mujer en aparecer en una moneda americana.

Contar

_____

_____

_____

_____

Recordar el detalle

_____

_____

Recordar el detalle

_____

_____

Usa esta tabla para escribir detalles que recuerdes de lo que acabas de leer. Luego, usa tus propias palabras para contar lo que leíste. Copia la tabla y complétala.

Aplica la destreza mientras lees

Mientras lees, recuerda y cuenta información sobre las personas de esta unidad.

Conectar ideas

Cuando lees, adquieres nuevas ideas y aprendes sobre nuevos hechos y eventos. A veces, un evento conduce a otros eventos. Cuando haces un diagrama para conectar los eventos e ideas, comprendes mejor lo que lees.

Practica la destreza

Leonor hizo un diagrama con sus ideas sobre la exploración del Oeste de Lewis y Clark. Copia la tabla. Piensa en estas preguntas:

- ¿Dónde vivían la mayoría de las personas en esa época?

- ¿Qué sucedió después de que exploraron el Oeste?

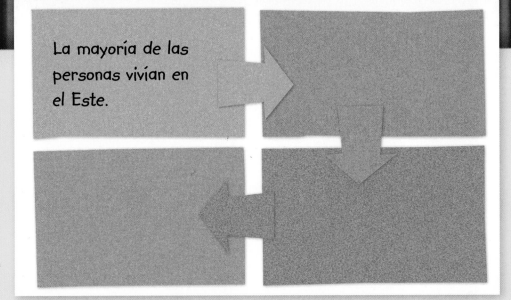

La mayoría de las personas vivían en el Este.

Lee el siguiente párrafo. Agrega tus propias ideas al diagrama.

En 1804, la mayoría de las personas vivían en el Este y no sabían qué había al oeste del río Mississippi. Entonces, el presidente pidió a Meriwether Lewis y William Clark que exploraran las tierras del Oeste. Ellos lo hicieron y reportaron sus hallazgos. Así, las personas pudieron construir sus hogares en estas nuevas tierras.

Aplica la destreza mientras lees

En la Unidad 6, vas a aprender cómo algunas personas mejoran el mundo. Haz un diagrama de tus ideas mientras lees. Muestra cómo un evento conduce a otros.

Un árbol para César Chávez

por Francisco X. Alarcón

ilustrado por Maya Christina Gonzalez

un roble
plantamos
en tu día

un roble
en medio
del parque

un roble
cada vez
más frondoso

un roble
con tus facciones
y tu espíritu

296

un roble
con los brazos
abiertos

un roble
para grandes
y chicos

un roble
listo para celebrar
tu cumpleaños

cada 31 de marzo
con hojas tiernas
de primavera

Responde

¿Qué crees que el autor quiere
decir con las palabras "un roble
con tus facciones y tu espíritu"?

297

Descubrimientos e inventos

Reflexiona
¿Cuáles son algunos científicos e inventores que han mejorado la vida de las personas?

✔ Identifica cómo alguien se convierte en héroe.

✔ Explica cómo los inventores y científicos mejoran nuestras vidas.

Vocabulario
héroe
invento
científico

Recordar y contar

Normas de California
HSS 2.5

Los héroes mejoran nuestras vidas con sus palabras, acciones y descubrimientos. Un **héroe** es una persona que ha hecho algo con mucho valor o algo importante.

Un inventor famoso

De niño, Thomas Edison era muy curioso. Siempre estaba preguntando cómo funcionaban las cosas. Al crecer, quizo descubrir cómo la electricidad hacía funcionar los instrumentos y las máquinas.

"La genialidad es uno por ciento de inspiración y noventa y nueve por ciento de transpiración".

Thomas Alva Edison

—de un artículo en <u>Harper's Magazine</u>, septiembre de 1932.

Durante el transcurso de su vida, Edison trabajó en más de mil inventos. Un **invento** es un producto nuevo que no se ha hecho antes. Uno de sus inventos más famosos fue el foco eléctrico.

Repaso de la lectura ¿Cuál es uno de los inventos de Thomas Edison?

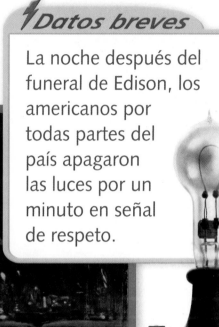

⚡Datos breves

La noche después del funeral de Edison, los americanos por todas partes del país apagaron las luces por un minuto en señal de respeto.

El fonógrafo fue otro invento de Thomas Edison. Podía tocar sonidos grabados.

Científicos famosos

Los **científicos** observan cosas y hacen descubrimientos. Luego, prueban sus descubrimientos y trabajan para mejorarlos y lograr que sean más seguros.

La próxima vez que bebas leche, piensa en un científico llamado Louis Pasteur. Pasteur descubrió la manera de destruir los gérmenes que contaminan la leche y otros alimentos.

"En los campos de la observación, la casualidad favorece solo a quienes están mentalmente preparados".

Louis Pasteur
—de un discurso en la Universidad de Lille, Douai, Francia, 7 de diciembre de 1854.

leche pasteurizada

Piensa en George Washington Carver cuando comas un sándwich de mantequilla de cacahuate. Donde él vivía, la tierra era muy árida porque allí se había sembrado algodón durante mucho tiempo. En la tierra árida no pueden crecer plantas saludables.

Washington Carver enseñó a los granjeros que al sembrar cacahuates, pacanas y batatas se volvería a enriquecer la tierra. Descubrió muchas maneras de usar estos cultivos. Además de la mantequilla de cacahuate, se podían hacer medicinas, pegamento y cereal.

Repaso de la lectura ¿En qué se parecían Louis Pasteur y George Washington Carver?

planta de cacahuate

"Donde no hay visión no hay esperanza".

George Washington Carver

—http://www.nps.gov/gwca

"No puedes construir un mundo mejor sin mejorar a las personas".

Marie Curie

—de las notas para el libro Pierre Curie, The MacMillan Company, 1923.

Científicos ganadores de premios

Cada año, todas los científicos del mundo tienen la oportunidad de ganar un premio llamado Nobel. Con este premio se honra su trabajo.

La científica Marie Curie fue la primera mujer que ganó el Premio Nobel, en 1903. Marie descubrió un metal que se podía usar para tomar radiografías de los huesos.

Premio Nobel

Albert Einstein ganó el Premio Nobel en 1921. Usó las matemáticas para explicar ideas difíciles sobre el tiempo y el espacio. También estudió cómo la luz actúa y viaja.

Repaso de la lectura ¿Por qué Curie y Einstein ganaron el Premio Nobel?

Resumen Los inventores y científicos hallan maneras de mejorar la vida de las personas.

"Alguien que nunca haya cometido un error nunca ha probado algo nuevo".

Albert Einstein

—de un artículo en el <u>Saturday Evening Post</u>, 26 de octubre de 1929.

Repaso

1. ¿Cuáles son algunos científicos e inventores que han mejorado la vida de las personas?

2. **Vocabulario** ¿Por qué son **héroes** las personas de esta lección?

3. **Actividad** En una tabla, haz una lista de los inventores y sus inventos.

4. **Recordar y contar** Nombra un héroe del que leíste. Di lo que hizo para ayudar a los demás.

Leer una tabla

⟩ Por qué es importante

Una **tabla** es un cuadro que se usa para organizar información. Saber cómo leer una tabla te puede ayudar a recordar y contar información.

⟩ Lo que necesitas saber

El título te indica lo que la tabla muestra. Para leer una tabla, pon un dedo en la primera casilla de una fila. Luego, lee la información en esa fila. El rótulo de la columna indica el tipo de información que contiene.

⟩ Practica la destreza

1. ¿Qué muestra la tabla de la página siguiente?

2. ¿Qué inventores se incluyen en la tabla?

3. Nombra uno de los inventos de Benjamin Franklin.

Inventores y sus inventos

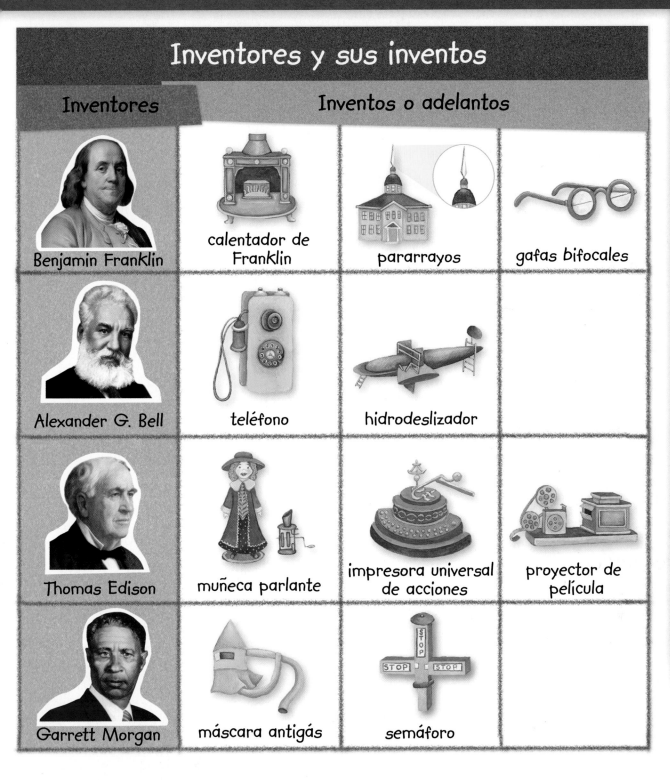

Inventores	Inventos o adelantos		
Benjamin Franklin	calentador de Franklin	pararrayos	gafas bifocales
Alexander G. Bell	teléfono	hidrodeslizador	
Thomas Edison	muñeca parlante	impresora universal de acciones	proyector de película
Garrett Morgan	máscara antigás	semáforo	

▶ Aplica lo que aprendiste

Investiga sobre la vida de otro inventor y sus inventos. ¿Cómo organizarías la nueva información en esta tabla?

305

Ayudar a los demás

Has aprendido que las personas pueden mejorar la vida de los demás. Ahora, lee sobre unos ciudadanos jóvenes que lo hicieron en su comunidad.

Cuando los incendios forestales que hubo en el sur de California destruyeron muchas casas, los estudiantes de la escuela secundaria Lincoln, de la ciudad de Vista, decidieron ayudar a sus vecinos. Volvieron a plantar árboles, arbustos y flores. Así, demostraron que ellos se preocupaban por los demás.

Los estudiantes trabajaron arduamente para embellecer nuevamente la tierra.

306

Millones de voluntarios trabajan anualmente en proyectos de ayuda a la comunidad. Por ejemplo, reúnen alimentos y ropa para personas que no tienen hogar o juntan libros para las bibliotecas escolares. El día nacional de servicio juvenil es un evento que se realiza para honrar a los voluntarios que ayudan a sus comunidades.

Los niños eligen diferentes maneras de ayudar a otras personas.

¿Sabías que...?

¿Sabías que hay muchos grupos que dirigen a los niños para que puedan hacer trabajos comunitarios? Investiga sobre estos grupos:

⭐ Kids Care Clubs

⭐ America Youth Service

⭐ Youth Volunteer Corps of America

Piensa

Aplícalo
¿Qué podrías hacer para ayudar a tu comunidad?

El carácter y el valor

Reflexiona
¿Cómo han demostrado valor algunos héroes?

✓ Explica por qué es importante el valor.

✓ Describe las acciones de un héroe que haya mejorado nuestras vidas.

Vocabulario
valor

Recordar y contar

Normas de California

HSS 2.5

Los héroes demuestran valor. Las personas que tienen **valor** enfrentan el peligro con osadía. Los héroes actúan para defender lo que creen.

Abraham Lincoln

Abraham Lincoln fue nuestro decimosexto presidente. A Lincoln le importaba mucho su país. Creía que la esclavitud debía terminar. Muchas personas no estaban de acuerdo con él. Esto causó que los americanos lucharan unos contra otros en la Guerra Civil. Pero, nuestro país se mantuvo firme gracias al liderazgo de Lincoln.

Repaso de la lectura ¿Qué hizo Abraham Lincoln por nuestro país?

Sitting Bull

Sitting Bull fue un líder indio americano. Formaba parte de los indios sioux, que vivían en las Grandes Llanuras. En su tiempo, el gobierno de Estados Unidos quería el territorio que Sitting Bull y su pueblo ocupaban.

Entonces, ofreció a los sioux un nuevo territorio y les prometió que no permitiría que los colonos tomaran ese territorio.

Cuando el gobierno no cumplió esa promesa, Sitting Bull dirigió a su pueblo en la lucha por su territorio. Los soldados trataron de arrestarlo. Sitting Bull murió luchando por los derechos de su pueblo.

Repaso de la lectura ¿Qué acción tomó Sitting Bull después de que el gobierno no cumplió su promesa?

Dr. Martin Luther King, Jr.

En 1964, el Dr. Martin Luther King, Jr. ganó el Premio Nobel de la Paz. El Dr. King fue un pastor. Trabajó para encontrar la manera en que las personas de todas las razas pudieran convivir pacíficamente. Su mensaje fue tan importante que los americanos le rinden homenaje cada año con un día de fiesta en el mes de enero.

Repaso de la lectura ¿Qué hizo el Dr. King para mejorar el mundo?

Jackie Robinson

Jackie Robinson soñaba con jugar béisbol. En su tiempo, muchas personas no querían que los afroamericanos jugaran béisbol. Entonces, Robinson trabajó con mucho valor y logró jugar. Más tarde, ayudó a otros afroamericanos a lograr sus sueños.

Repaso de la lectura ¿Cómo demostró valor con sus acciones Jackie Robinson?

Resumen Los héroes demuestran valor con sus palabras y acciones.

Repaso

1. ¿Cómo han demostrado valor algunos héroes?

2. **Vocabulario** ¿Por qué es importante el **valor**?

3. **Redacción** Piensa en un héroe que haya demostrado valor. Escríbele una carta de agradecimiento.

4. Destreza clave **Recordar y contar** ¿Cómo rinden homenaje al Dr. Martin Luther King, Jr. los americanos?

311

Diferenciar hecho de ficción

◗ Por qué es importante

Es importante saber si lo que lees es verdad.

◗ Lo que necesitas saber

❶ Un **hecho** es un enunciado verdadero que se puede comprobar. Los libros de **no ficción** solo presentan hechos.

❷ Los cuentos de **ficción** a veces parecen ciertos, pero tienen datos inventados.

❸ Una biografía es la historia de la vida de una persona. Es una obra de no ficción.

❱ Practica la destreza

Observa las portadas de los dos libros. Determina cuál presenta hechos y cuál es ficción.

❱ Aplica lo que aprendiste

En la biblioteca, busca un libro sobre un héroe del que te gustaría saber más. ¿Crees que el libro presentaría hechos o sería ficción?

Reflexiona
¿Qué han hecho algunas personas para mejorar la vida de los demás?

✔ Identifica la manera en que mostramos compasión por los demás.

✔ Explica la importancia de mostrar bondad y compasión.

Vocabulario
compasión
voluntario

Destreza clave

Recordar y contar

Normas de California
HSS 2.5

Bondad y compasión

Las personas que tienen **compasión** comprenden cómo se sienten los demás. Siempre quieren ayudar a otros.

La dra. Antonia Novello

La dra. Antonia Novello fue la directora general de servicios de salud de Estados Unidos, de 1990 a 1993. El director de servicios de salud es un portavoz de temas sobre la salud.

Mostramos compasión

De niña, la dra. Novello fue muy enfermiza. Por eso sabía cómo se sentían los niños enfermos y sentía compasión por ellos.

Mientras trabajó como directora general de servicios de salud, la dra. Novello dio muchas charlas a niños y adolescentes sobre las maneras de mantenerse sanos. Quería asegurarse de que todos los niños tuvieran la oportunidad de llevar una vida saludable.

Repaso de la lectura ¿Qué hizo que la dra. Antonia Novello sintiera compasión por los niños enfermos?

La madre Teresa

La madre Teresa fue una religiosa, o sea, una trabajadora de la iglesia. Pasó su vida cuidando a los pobres en la India. Primero trabajó como maestra y luego formó un grupo de religiosas para llevar a cabo una misión especial.

La misión de estas religiosas era ayudar a las personas indeseables, sin amor y desamparadas. Con la madre Teresa, cuidaban de quienes necesitaban ayuda y les daban alimento, ropa y refugio.

Repaso de la lectura ¿Cómo demostró compasión por los pobres de la India la madre Teresa?

Los niños en la historia

Sadako Sasaki

En Japón, se dice que si una persona hace 1,000 grullas de papel, se le concederá un deseo. Cuando Sadako Sasaki tenía 2 años, una bomba cayó sobre su ciudad. Cuando tenía 11 años, comenzó a hacer grullas de papel porque estaba muy enferma y deseaba mejorarse. Al saber que no mejoraría, cambió su deseo: quería que todos vivieran en paz y no hubieran más bombas.

Ser bondadosos con los demás

" Si juzgas a las personas, no tienes tiempo de amarlas ".

Madre Teresa

—http://www.quotedb.com

DONACIONES

El presidente Jimmy Carter

Jimmy Carter fue el trigésimo noveno presidente de Estados Unidos. Después de mudarse de la Casa Blanca, quizo seguir ayudando a las personas.

Rosalynn, su esposa, decidió trabajar con él como voluntaria. Un **voluntario** pasa su tiempo libre ayudando a los demás. Los Carter trabajan en un proyecto llamado Hábitat para la humanidad. Un hábitat es un lugar para vivir y humanidad significa "personas". Los voluntarios de Hábitat para la humanidad construyen casas para las personas que no pueden comprar una. (Repaso de la lectura) ¿Qué hacen Jimmy y Rosalynn Carter para mejorar la vida de los demás?

Los voluntarios ayudan

Resumen Las personas demuestran que son bondadosas cuando sienten compasión y trabajan para mejorar la vida de los demás.

Repaso

1. ¿Qué han hecho algunas personas para mejorar la vida de los demás?

2. **Vocabulario** ¿Cómo demostró **compasión** por las personas la madre Teresa?

3. **Redacción** Escribe un párrafo sobre algo que podrías hacer para mejorar la vida de alguien.

4. **Recordar y contar** ¿Qué hacen los voluntarios?

Integridad
Respeto
Responsabilidad
Equidad

Bondad

Patriotismo

La importancia del carácter

? ¿Cómo se ganó Eleanor Roosevelt el apodo de "la primera dama del mundo"?

Siendo la esposa del Presidente, Eleanor Roosevelt sirvió como primera dama durante 12 años.

Eleanor Roosevelt

De niña, Eleanor Roosevelt era muy tímida. Sus padres murieron cuando todavía era pequeña, y su abuela la crió. Durante su adolescencia, sirvió como voluntaria enseñando a los niños que vivían en vecindarios pobres. Allí vio cuán difícil era la vida para las familias de esos niños. Eleanor buscó entonces la manera de ayudarlos. Ella decía: "El futuro pertenece a los que creen en la belleza de sus sueños".*

*http://womenshistory.about.com/library/qu/blqurooe.htm

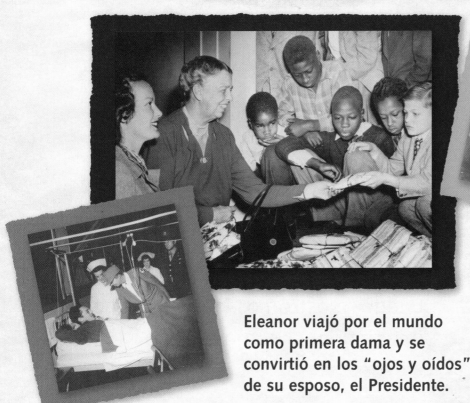

Eleanor Roosevelt con su esposo e hijos en 1915.

Eleanor viajó por el mundo como primera dama y se convirtió en los "ojos y oídos" de su esposo, el Presidente.

Siendo la primera dama de Estados Unidos, Eleanor se ocupó de mejorar las condiciones de vida de los pobres y trabajó por la igualdad de derechos para las mujeres y los afroamericanos.

Eleanor ayudó a escribir una declaración de derechos humanos para los habitantes del mundo, en las Naciones Unidas. Allí decía: "Todos los seres humanos nacen libres y tienen la misma dignidad y los mismos derechos".

Biografía breve

1884 — **1962**

Fechas importantes

1905 Se casa con Franklin Delano Roosevelt

1933 Se convierte en primera dama

1936 Comienza a escribir su columna periodística diaria llamada "Mi día"

1945–1951 Trabaja como delegada a las Naciones Unidas

APRENDE en línea
Visita MULTIMEDIA BIOGRAPHIES en www.harcourtschool.com/hss para hallar biografías multimedia.

Reflexiona

¿Qué héroes han mejorado el mundo al explorar nuevos lugares e ideas?

✓ Describe cómo los exploradores han mejorado la vida de las personas.

✓ Explica cómo los héroes han explorado nuevos lugares e ideas.

Vocabulario
explorador

Recordar y contar

Normas de California
HSS 2.5

Explorar nuevos mundos

En la clase aprendimos sobre los **exploradores**, o sea, las personas que investigan algo por primera vez. Ese algo puede ser un lugar o una idea. Luego, mostramos lo que aprendimos imaginándonos que eramos exploradores.

Sally Ride

Mi nombre es Sally Ride. Fui la primera mujer americana en viajar al espacio.

Realicé experimentos en mis dos vuelos al espacio. Estudié las causas del mareo en el espacio y usé un brazo teledirigido para recoger cosas fuera del transbordador espacial. Ahora enseño y escribo libros sobre el espacio para niños.

Repaso de la lectura ¿Por qué fue Sally Ride una exploradora?

Base Aérea Edwards

Cuando no hay buen clima en el Centro Espacial Kennedy, en Florida, el transbordador aterriza en la Base Aérea Edwards de California. La Fuerza Aérea también prueba sus aviones allí. Los lechos secos de los lagos del desierto de Mojave son un buen lugar para que aterricen los aviones. Allí, los pilotos tienen muy buena visibilidad.

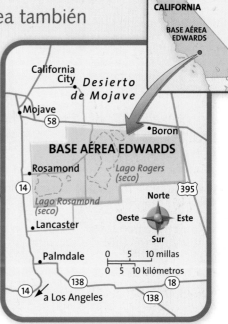

Golda Meir

Soy Golda Meir. Nací en Rusia pero me crié en Estados Unidos. Yo creía que los judíos debían tener su propio territorio. Trabajé para ayudar a formar la nación de Israel. En 1969, me convertí en la primera mujer líder de Israel.

Repaso de la lectura ¿Por qué es una heroína Golda Meir?

Charles Drew

Soy Charles Drew. Como científico, estudié la sangre. Descubrí la manera de conservar la sangre para que se pudiera usar después. La sangre se conserva en lugares llamados bancos de sangre. En los hospitales, las personas pueden recibir sangre cuando la necesitan, gracias a mi descubrimiento.

Repaso de la lectura ¿Cómo ayuda un banco de sangre a las personas?

Resumen Algunos héroes exploran nuevos lugares o ideas.

Repaso

1. ¿Qué héroes han mejorado el mundo al explorar nuevos lugares e ideas?

2. **Vocabulario** ¿Por qué se le puede llamar **explorador** a Charles Drew?

3. **Actividad** Investiga sobre uno de tus héroes. Cuenta a la clase qué hizo para mejorar la vida de las personas.

4. **Recordar y contar** ¿Quién fue la primera mujer americana en viajar al espacio?

Algún día leeré
por Pat Street
Ilustrada por Brenna Pierce

Narrador: Es el año 1885 en Mayesville, South Carolina. Mary Jane McLeod tiene diez años. Ella es afroamericana.

En 1885, los afroamericanos en el sur no tienen todos los derechos que tienen las personas blancas. No pueden ir a la escuela. La mamá de Mary Jane trabaja para una familia blanca. Mary Jane la ayuda.

Escena I: *(La mamá de Mary Jane dobla la ropa en la cocina de la casa de una familia blanca. Llegan Grace y Louise).*

Grace: Mary Jane, ¡vamos a jugar!

Mary Jane: Mamá, ¿puedo ir?

Mamá: Sí, pero regresa pronto para que me ayudes. *(Todas las niñas salen).*

326

Escena II: *(Casa de muñecas y libros)*

Mary Jane: ¡Qué casa de muñecas tan linda!

Louise: Elige una muñeca. Vamos a hacer un té social.

(Mary Jane elige un libro. Ella lo ojea sorprendida).

Grace: *(señalando)* Mira, ¡ella tiene nuestro libro! Mary Jane, deja ese libro.

Louise: Tonta, ¿qué harías tú con un libro? ¡Tú no sabes leer! *(Grace y Louise se ríen).*

Mary Jane: *(orgullosa)* Algún día leeré.

Escena III: *(La cocina de la casa de Mary Jane)*

Mary Jane: Hay una nueva escuela para niños afroamericanos. ¿Puedo ir?

Mamá: Pero niña, tienes que caminar cinco millas hasta el pueblo.

Papá: Te necesitamos aquí para que nos ayudes a recoger el algodón.

Mary Jane: Alguien en esta familia necesita aprender a leer.

Mamá: La niña tiene razón. Ella hará que nos sintamos orgullosos.

Papá: Está bien, puedes ir a la escuela.

Mary Jane: ¡Gracias, gracias!

Escena IV: *(La cocina de Mary Jane en la noche. Ella lee a la luz de una vela).*

Narrador: Mary Jane nunca faltó a las clases. Aprendió a leer y se convirtió en maestra. Luego, fundó su propia escuela para niños afroamericanos. Esa escuela se convirtió en una universidad famosa.

Mary McLeod Bethune trabajó por la igualdad de derechos para los afroamericanos. Todo comenzó el día que dijo: "Algún día leeré".

Responde

❶ ¿Cómo mejoró Mary McLeod Bethune la vida de los demás?

❷ **Aplícalo** ¿Por qué es importante que leas?

Excursión

Monte Rushmore

Prepárate

Un monumento ayuda a la gente a recordar a una persona o un evento. En South Dakota, el Monumento Nacional Monte Rushmore honra a los presidentes George Washington, Thomas Jefferson, Theodore Roosevelt y Abraham Lincoln.

Ubícalo
Estados Unidos

South Dakota

Observa

El Monumento rinde homenaje a estos presidentes que sirvieron desde la época colonial hasta el siglo XX, cuya labor fue importante en la historia de Estados Unidos.

George Washington

Thomas Jefferson

Theodore Roosevelt

Abraham Lincoln

En 1927, el artista Gutzon Borglum planeó el Monumento en el monte Rushmore. Tomó más de 14 años terminar la escultura.

Borglum hizo modelos de yeso de los rostros de los presidentes. Usó información de pinturas, fotografías y descripciones impresas.

Los trabajadores usaron taladros y dinamita para tallar la roca sólida del risco. Los rostros en Monte Rushmore miden 60 pies de altura.

Un paseo virtual

APRENDE en línea

Visita VIRTUAL TOURS en www.harcourtschool.com/hss para realizar un paseo virtual.

Las personas Las acciones de los héroes del presente y del pasado influyen en nuestras vidas.

Recordar y contar

Copia y completa la tabla para recordar y contar lo que aprendiste sobre los héroes.

Personas que mejoraron nuestras vidas

Recordar el detalle

Los científicos observan cosas y hacen descubrimientos.

Contar

_____

_____

_____

_____

_____

Recordar el detalle

_____

_____

Recordar el detalle

_____

_____

Usa el vocabulario

Elige la palabra que corresponde a la descripción.

① Marie Curie descubrió un metal para radiografías.

② Sally Ride fue la primera mujer americana en ir al espacio.

③ Jimmy Carter demuestra bondad al construir casas para quienes no tienen.

④ Los bomberos enfrentan el peligro.

⑤ Es un explorador, un científico, un líder o un ayudante. Quizá conozcas a alguno.

> **héroe**
> (pág. 298)
> **científico**
> (pág. 300)
> **valor**
> (pág. 308)
> **compasión**
> (pág. 314)
> **explorador**
> (pág. 322)

Recuerda los datos

⑥ ¿Cómo ayudó George Washington Carver a los trabajadores agrícolas?

⑦ ¿Por qué se considera Golda Meir una exploradora?

⑧ ¿Cómo quería mejorar la vida de los demás el Dr. Martin Luther King, Jr.?

⑨ ¿Quién tuvo nuevas ideas sobre la luz y el espacio?
- **A** Benjamin Franklin
- **B** La madre Teresa
- **C** Albert Einstein
- **D** Sally Ride

⑩ ¿Quiénes pasan su tiempo libre ayudando a los demás?
- **A** los científicos
- **B** los granjeros
- **C** los exploradores
- **D** los voluntarios

333

Piensa críticamente

11 **DESTREZA DE ANÁLISIS** ¿Qué cosas serían diferentes en nuestra vida actual si Thomas Edison no hubiera inventado el foco eléctrico?

12 **Aplícalo** ¿Cómo ha mejorado tu vida cuando has demostrado valor?

Aplica las destrezas

Descubrimientos que han cambiado nuestras vidas			
Medicina	Edward Jenner, la vacuna contra la viruela	Sir Alexander Fleming, la penicilina	Sir Frederick Grant Bunting, la insulina
Máquinas	James Watt, la máquina de vapor	J. S. Thurman, la aspiradora	Mary Anderson, el limpiaparabrisas
Útiles escolares	Helen A. Blanchard, el sacapuntas	Edward Binney y Harold Smith, las crayolas	George W. McGill, la engrapadora

13 ¿Qué muestra esta tabla?

14 ¿Qué inventó Helen A. Blanchard?

15 ¿Quién inventó la aspiradora?

16 Nombra tres descubrimientos de la medicina.

Aplica las destrezas

⓱ ¿Qué libro crees que es ficción?

⓲ ¿Qué pistas te hacen pensar que pueda ser ficción?

⓳ ¿Cuál es el título de la biografía?

⓴ ¿Qué libro crees que podría tener más datos sobre Rosa Parks? ¿Por qué?

Lecturas adicionales

Amelia Earhart por Lisa Trumbauer

Paul Revere y la historia de Boston por Susan Ring

Martin Luther King, Jr. por Jeri Cipriano

Muestra lo que sabes

Actividad de redacción

Elige a un héroe Piensa en alguien que sea un héroe. ¿Por qué es especial para ti?

Escribir un párrafo Describe a tu héroe en un párrafo. Di cómo mejora tu vida.

Proyecto de la unidad

Día del héroe Planea un día para honrar a los héroes.

- Elige a unos héroes e investiga sobre sus vidas.
- Reúne disfraces y utilería.
- Celebra el día de los héroes con familiares o con otras clases.

APRENDE en línea

Visita ACTIVITIES en **www.harcourtschool.com/hss** para hallar otras actividades.

Para tu referencia

AMÉRICA
DEL NORTE

ESTADOS UNIDOS

OCÉANO
PACÍFICO

OCÉANO
ATLÁNTICO

Ecuador

AMÉRICA
DEL SUR

OCÉANO
PACÍFICO

Leyenda

Frontera
internacional

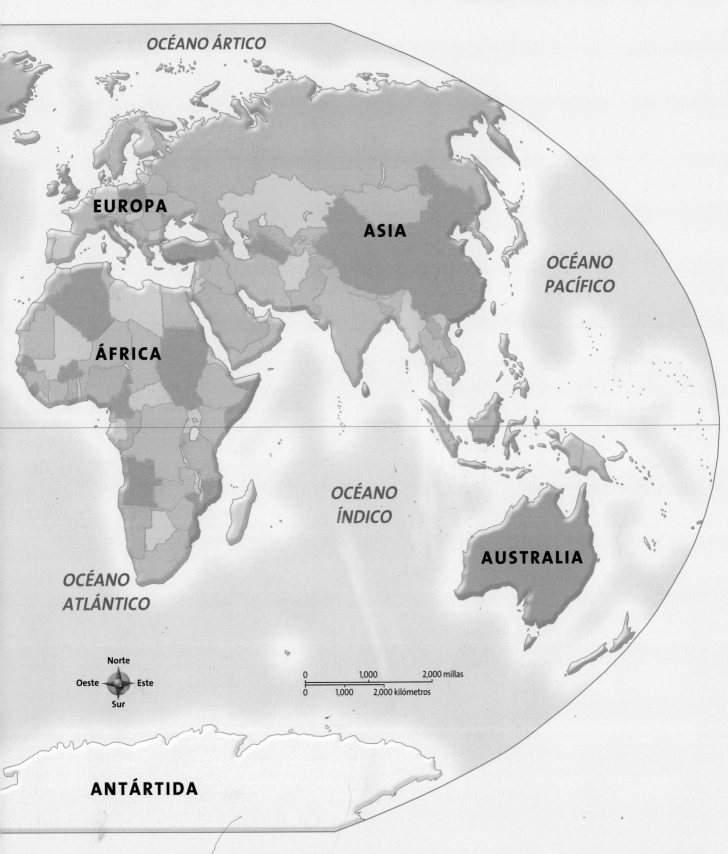

OCÉANO ÁRTICO

EUROPA

ASIA

OCÉANO
PACÍFICO

ÁFRICA

OCÉANO
ÍNDICO

OCÉANO
ATLÁNTICO

AUSTRALIA

Norte

Oeste — Este

Sur

0   1,000   2,000 millas

0   1,000   2,000 kilómetros

ANTÁRTIDA

R3

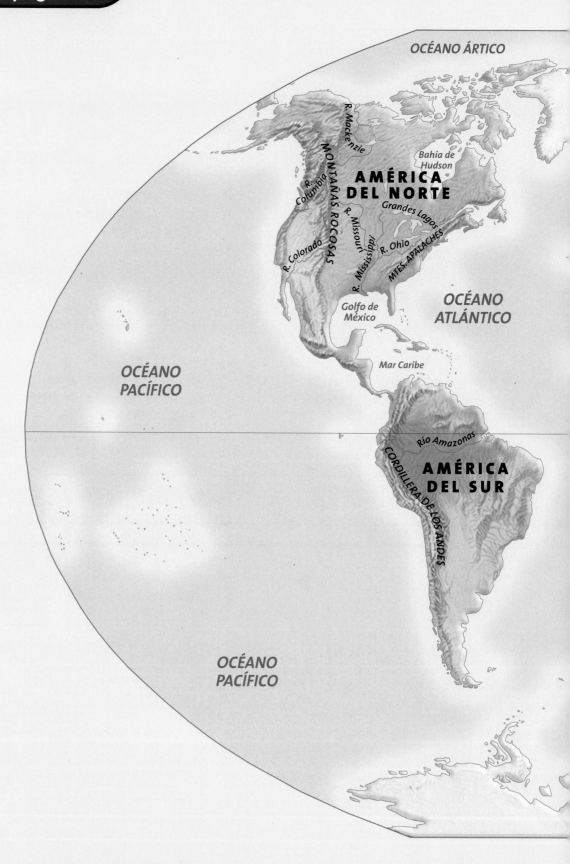

OCÉANO ÁRTICO

R. Mackenzie

Bahía de Hudson

AMÉRICA DEL NORTE

R. Columbia

MONTAÑAS ROCOSAS

Grandes Lagos

R. Missouri

R. Ohio

MTES. APALACHES

R. Colorado

R. Mississippi

OCÉANO ATLÁNTICO

Golfo de México

OCÉANO PACÍFICO

Mar Caribe

Río Amazonas

AMÉRICA DEL SUR

CORDILLERA DE LOS ANDES

OCÉANO PACÍFICO

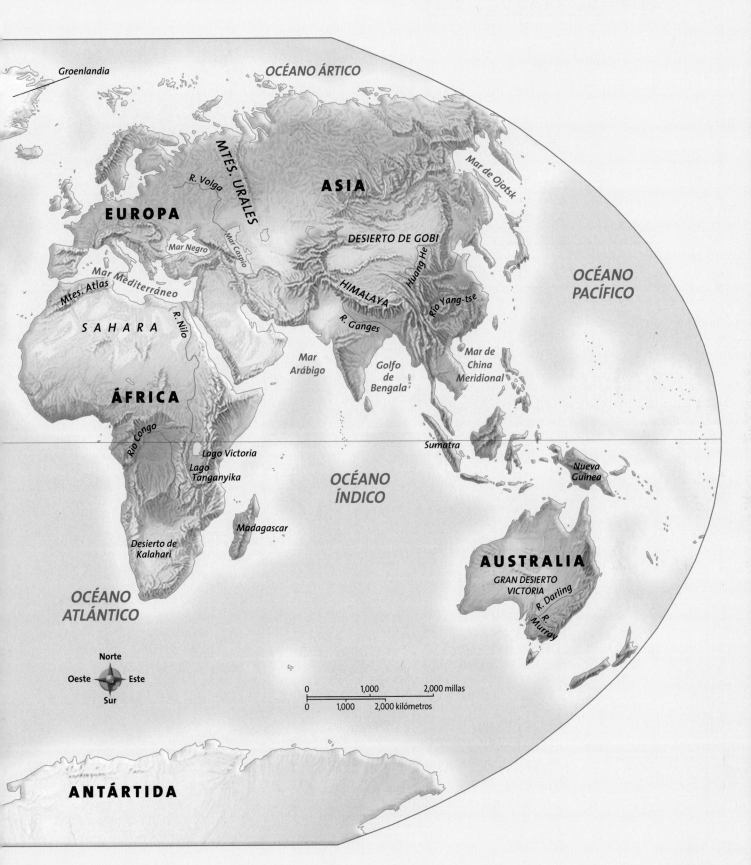

Groenlandia

OCÉANO ÁRTICO

MTES. URALES

R. Volga

ASIA

EUROPA

Mar Negro

Mar Caspio

DESIERTO DE GOBI

Mar de Ojotsk

Mar Mediterráneo

Mtes. Atlas

R. Nilo

SAHARA

HIMALAYA

Huang He

Río Yang-tse

OCÉANO PACÍFICO

ÁFRICA

R. Ganges

Mar Arábigo

Golfo de Bengala

Mar de China Meridional

Río Congo

Lago Victoria

Lago Tanganyika

Sumatra

Nueva Guinea

OCÉANO ÍNDICO

Madagascar

Desierto de Kalahari

AUSTRALIA

GRAN DESIERTO VICTORIA

R. Darling

R. Murray

OCÉANO ATLÁNTICO

Norte

Oeste   Este

Sur

| 0 | 1,000 | 2,000 millas |

| 0 | 1,000 | 2,000 kilómetros |

ANTÁRTIDA

R5

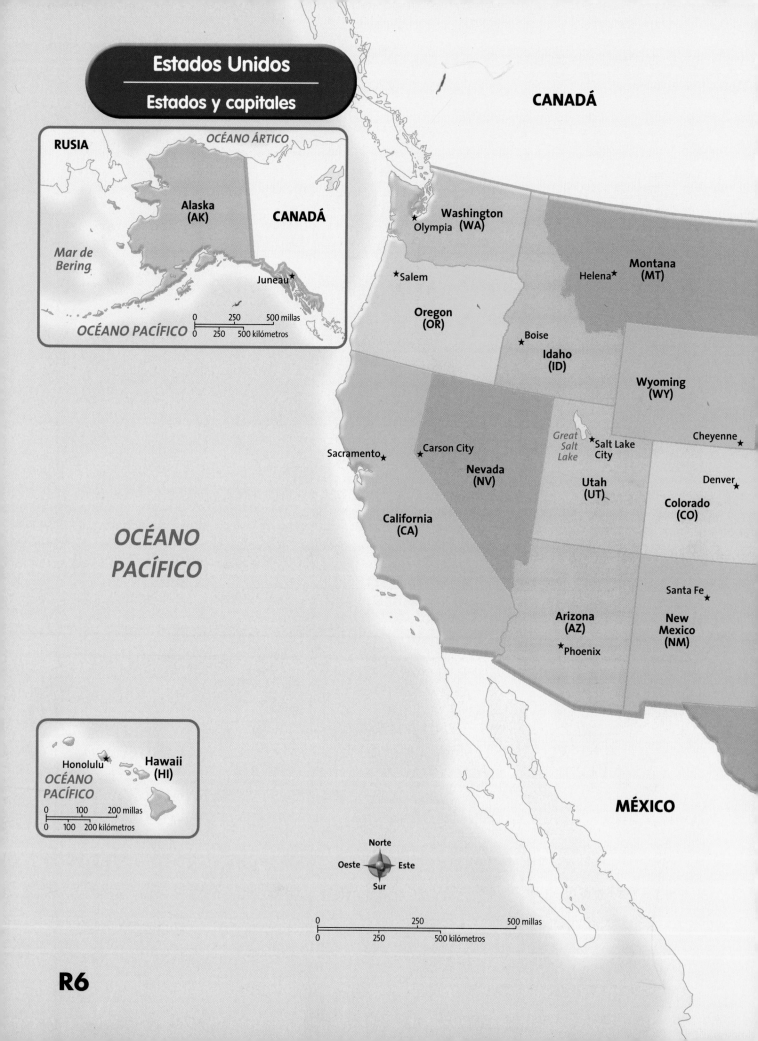

Estados Unidos
Estados y capitales

RUSIA

OCÉANO ÁRTICO

Alaska (AK)

CANADÁ

Mar de Bering

Juneau ★

OCÉANO PACÍFICO

0   250   500 millas
0   250   500 kilómetros

CANADÁ

★ Olympia   **Washington (WA)**

★ Salem

Oregon (OR)

Helena ★   **Montana (MT)**

Boise ★

Idaho (ID)

Wyoming (WY)

Great Salt Lake   ★ Salt Lake City

Cheyenne ★

OCÉANO PACÍFICO

Sacramento ★   ★ Carson City

Nevada (NV)

Utah (UT)

Denver ★

Colorado (CO)

California (CA)

Santa Fe ★

Arizona (AZ)

★ Phoenix

New Mexico (NM)

Honolulu ★   **Hawaii (HI)**

OCÉANO PACÍFICO

0   100   200 millas
0   100   200 kilómetros

MÉXICO

Norte
Oeste   Este
Sur

0   250   500 millas
0   250   500 kilómetros

R6

CANADÁ

Lago Superior

Lago Huron

Lago Michigan

Lago Ontario

Lago Erie

North Dakota (ND)
★ Bismarck

Minnesota (MN)
St. Paul ★

Pierre ★
South Dakota (SD)

Wisconsin (WI)
Madison ★

(MI)
Lansing ★

Iowa (IA)
Des Moines ★

Nebraska (NE)
Lincoln ★

Illinois (IL)
Springfield ★

Indiana (IN)
Indianapolis ★

Ohio (OH)
Columbus ★

Pennsylvania (PA)
Harrisburg ★

Trenton ★
New Jersey (NJ)

Maine (ME)
Augusta ★

Vermont (VT)
Montpelier ★

New Hampshire (NH)
Concord ★
Boston ★

New York (NY)
Albany ★

Massachusetts (MA)
Providence ★
Rhode Island (RI)

Hartford ★
Connecticut (CT)

Dover ★
Delaware (DE)

Annapolis ★
Washington, D.C. ⊛
Maryland (MD)

Topeka ★
Kansas (KS)

Missouri (MO)
Jefferson City ★

Frankfort ★
Kentucky (KY)

West Virginia (WV)
Charleston ★

Richmond ★
Virginia (VA)

Oklahoma (OK)
Oklahoma City ★

Arkansas (AR)
Little Rock ★

Nashville ★
Tennessee (TN)

Raleigh ★
North Carolina (NC)

Columbia ★
South Carolina (SC)

Mississippi (MS)
Jackson ★

Alabama (AL)
Montgomery ★

Atlanta ★
Georgia (GA)

Texas (TX)
Austin ★

Louisiana (LA)
Baton Rouge ★

Tallahassee ★

Florida (FL)

OCÉANO ATLÁNTICO

BAHAMAS

Golfo de México

CUBA

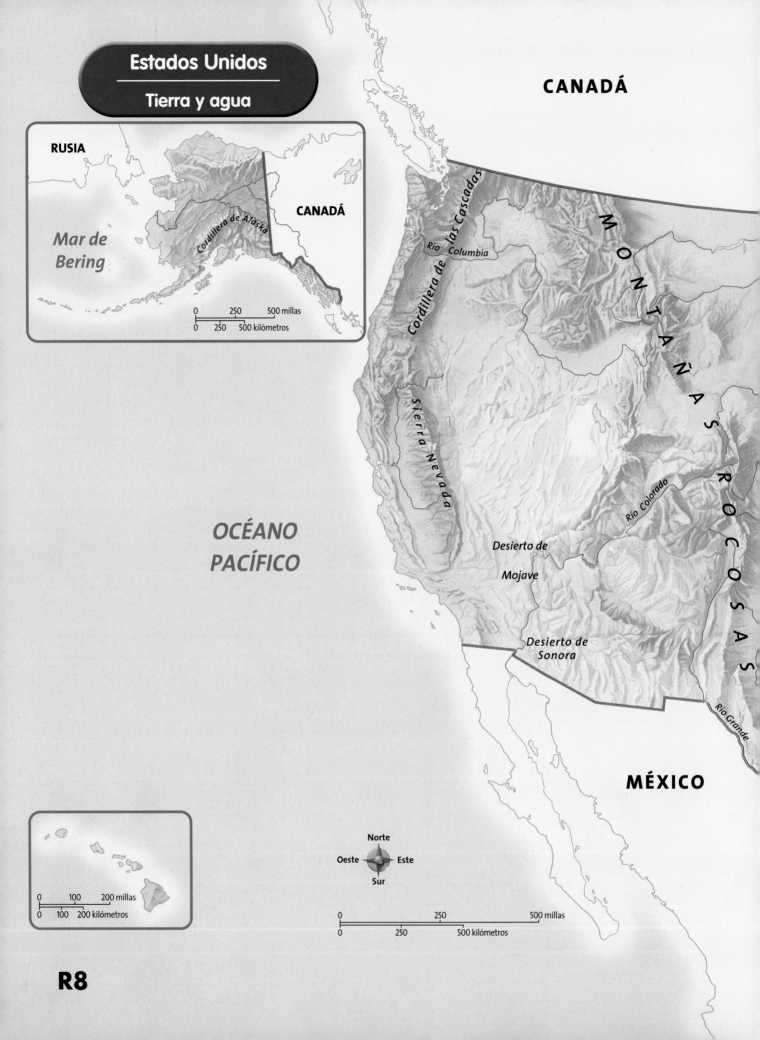

Estados Unidos
Tierra y agua

RUSIA

CANADÁ

Mar de
Bering

Cordillera de Alaska

0   250   500 millas
0   250   500 kilómetros

CANADÁ

Cordillera de las Cascadas

Río Columbia

M
O
N
T
A
Ñ
A
S

R
O
C
O
S
A
S

Sierra Nevada

Río Colorado

OCÉANO
PACÍFICO

Desierto de
Mojave

Desierto de
Sonora

Río Grande

MÉXICO

0   100   200 millas
0   100   200 kilómetros

Norte
Oeste   Este
Sur

0   250   500 millas
0   250   500 kilómetros

R8

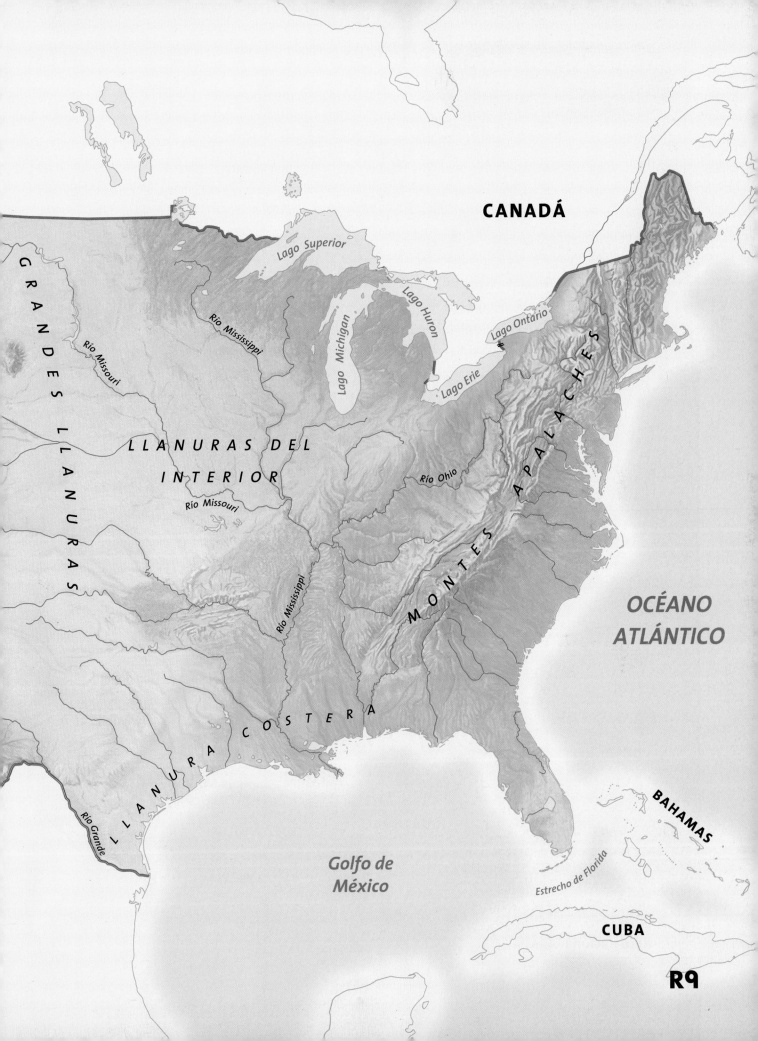

GRANDES LLANURAS

Río Missouri

Río Mississippi

Lago Superior

CANADÁ

Lago Huron

Lago Michigan

Lago Ontario

Lago Erie

LLANURAS DEL INTERIOR

Río Missouri

Río Ohio

M O N T E S   A P A L A C H E S

OCÉANO ATLÁNTICO

Río Mississippi

LLANURA COSTERA

Río Grande

Golfo de México

Estrecho de Florida

BAHAMAS

CUBA

R9

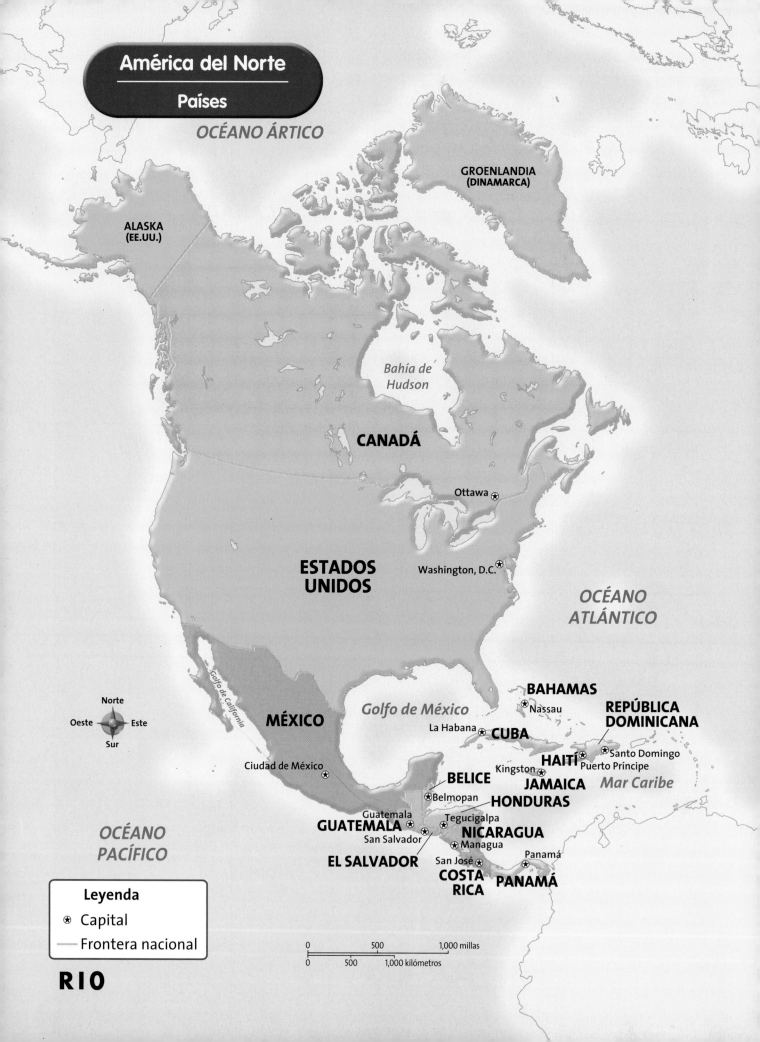

América del Norte
Países

OCÉANO ÁRTICO

GROENLANDIA
(DINAMARCA)

ALASKA
(EE.UU.)

Bahía de
Hudson

CANADÁ

Ottawa ✪

ESTADOS
UNIDOS

Washington, D.C. ✪

OCÉANO
ATLÁNTICO

Golfo de California

Norte
Oeste ✦ Este
Sur

MÉXICO

Golfo de México

BAHAMAS
• Nassau

REPÚBLICA
DOMINICANA

La Habana ✪ CUBA

Ciudad de México ✪

BELICE

✪ Belmopan

Guatemala ✪

GUATEMALA

San Salvador

EL SALVADOR

Santo Domingo
✪
HAITÍ Puerto Príncipe

Kingston •

JAMAICA   Mar Caribe

HONDURAS

Tegucigalpa •

NICARAGUA
• Managua

San José ✪

COSTA
RICA

Panamá •

PANAMÁ

OCÉANO
PACÍFICO

Leyenda
✪ Capital
— Frontera nacional

R10

0   500   1,000 millas
0   500   1,000 kilómetros

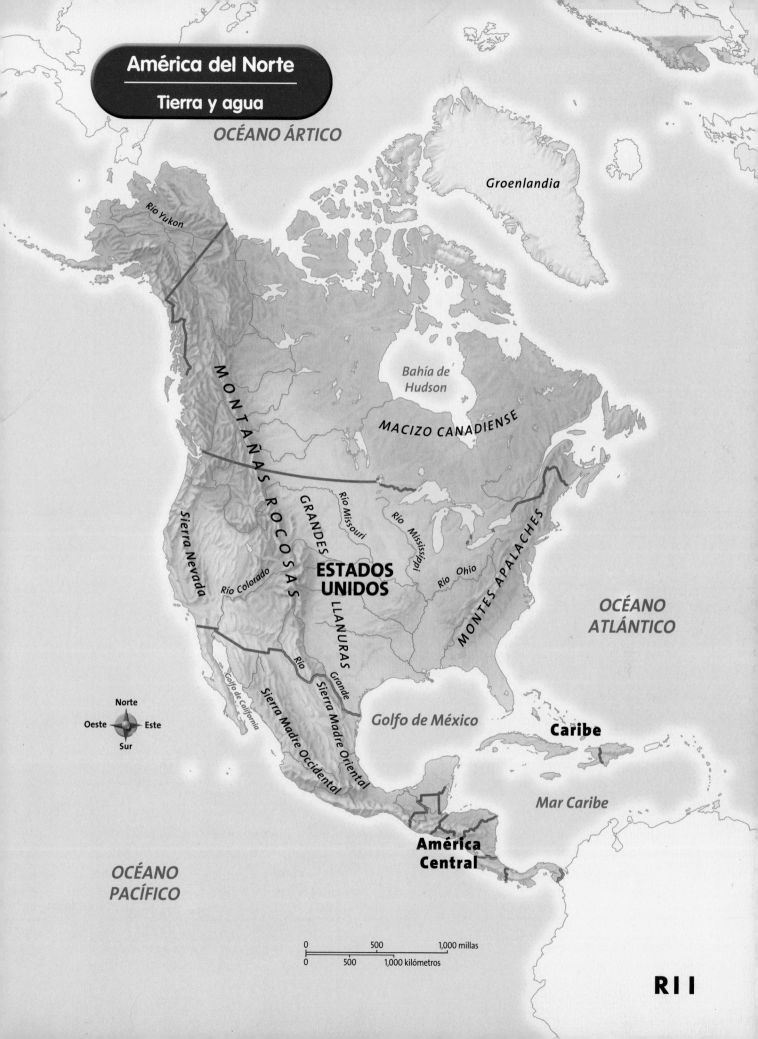

América del Norte

Tierra y agua

OCÉANO ÁRTICO

Groenlandia

Río Yukon

Bahía de Hudson

MACIZO CANADIENSE

MONTAÑAS ROCOSAS

GRANDES

Río Missouri

Río Mississippi

MONTES APALACHES

Sierra Nevada

Río Colorado

ESTADOS UNIDOS

LLANURAS

Río Ohio

OCÉANO ATLÁNTICO

Norte
Oeste · Este
Sur

Golfo de California

Río Grande

Sierra Madre Oriental

Sierra Madre Occidental

Golfo de México

Caribe

Mar Caribe

América Central

OCÉANO PACÍFICO

| 0 | 500 | 1,000 millas |
| 0 | 500 | 1,000 kilómetros |

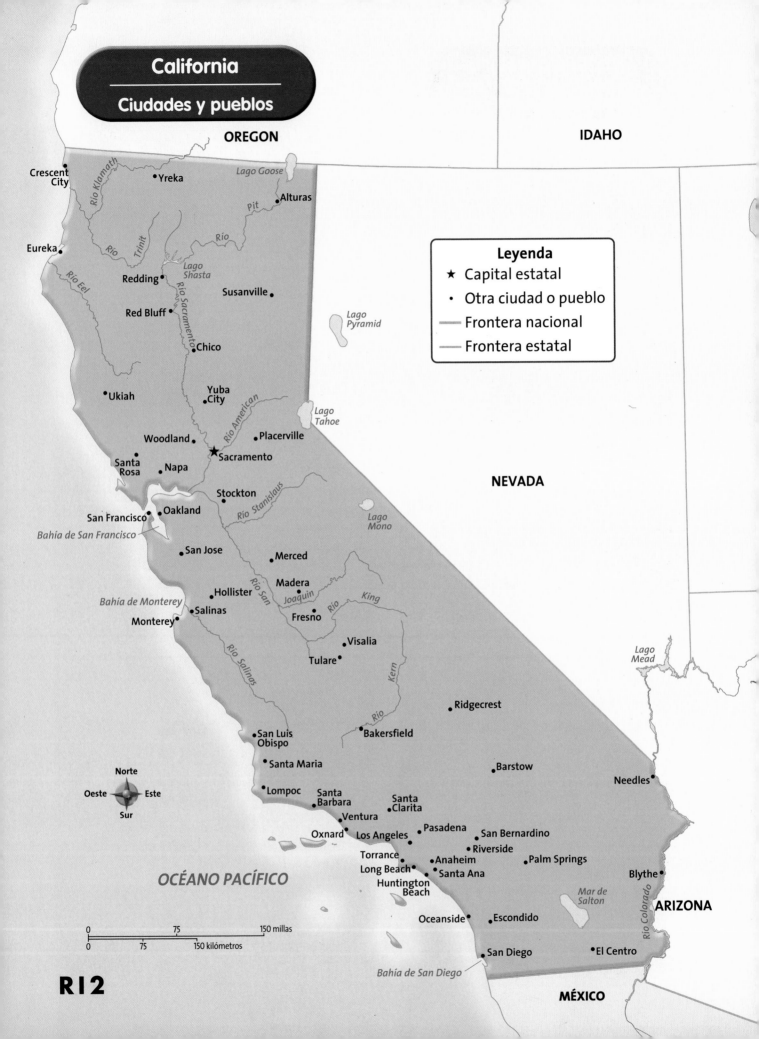

California
Ciudades y pueblos

OREGON

IDAHO

Crescent City
•Yreka
Lago Goose
•Alturas
Pit
Río Klamath
Río

Eureka•
Río Trinit
Río
Lago Shasta
Redding•
Susanville•
Red Bluff•
Río Eel
Río Sacramento
Chico•

Leyenda
★ Capital estatal
• Otra ciudad o pueblo
— Frontera nacional
— Frontera estatal

Lago Pyramid

•Ukiah
Yuba City•
Río American
Woodland•
Placerville•
Lago Tahoe

Santa Rosa•
★Sacramento
•Napa

NEVADA

Stockton•
Oakland•
Río Stanislaus
San Francisco•
Bahía de San Francisco
Lago Mono

San Jose•
Merced•

Madera•
Bahía de Monterey
Hollister•
Río San Joaquin
Salinas•
Fresno•
Río King
Monterey•

Lago Mead

Visalia•
Río Salinas
Tulare•
Río Kern

Ridgecrest•

San Luis Obispo•
Bakersfield•

Norte
Oeste — Este
Sur
Santa Maria•
Barstow•

Needles•

•Lompoc
Santa Barbara•
Santa Clarita•
Ventura•
Pasadena•
Oxnard•
Los Angeles•
San Bernardino•
Torrance•
Riverside•
Palm Springs•
Long Beach•
Anaheim•
Santa Ana•
Huntington Beach•

OCÉANO PACÍFICO

Blythe•

Mar de Salton

Río Colorado
ARIZONA

Oceanside•
Escondido•

0   75   150 millas
0   75   150 kilómetros

San Diego•
El Centro•

Bahía de San Diego

R12

MÉXICO

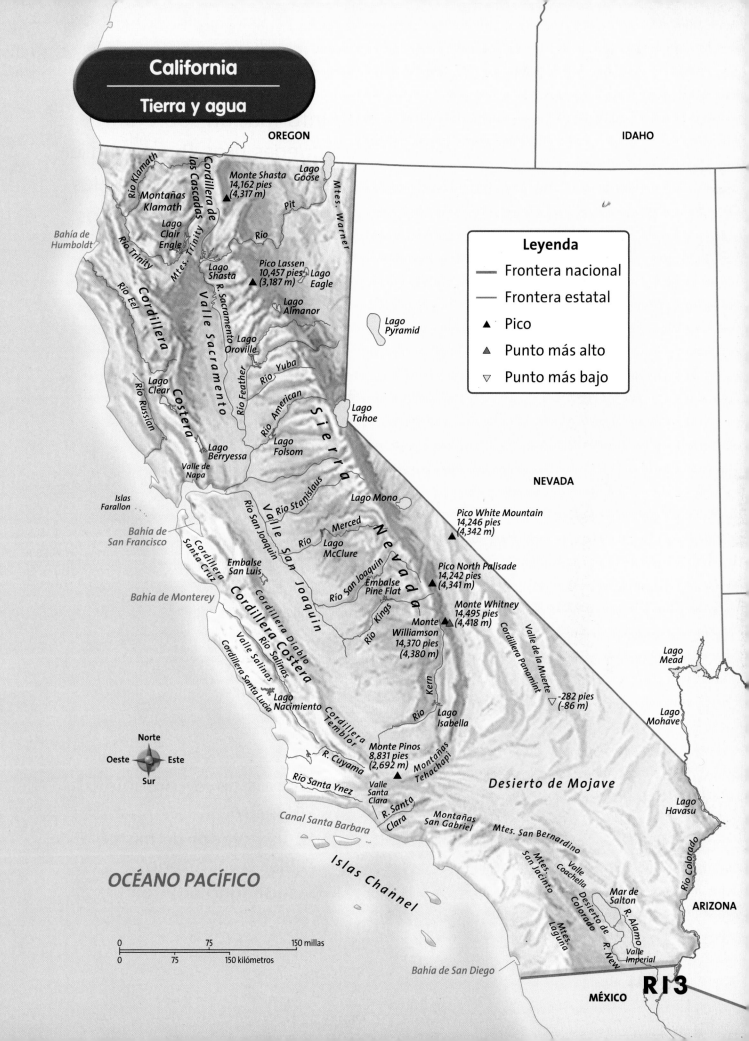

California

Tierra y agua

OREGON

IDAHO

Río Klamath

Montañas Klamath

Cordillera de las Cascadas

Lago Goose

Mtes. Warner

Monte Shasta
14,162 pies
(4,317 m)

Pit

Bahía de Humboldt

Río Trinity

Mtes. Trinity

Río

Lago Clair Engle

Lago Shasta

R. Sacramento

Pico Lassen
10,457 pies
(3,187 m)

Lago Eagle

Río Eel

Cordillera Costera

Valle Sacramento

Lago Oroville

Lago Almanor

Lago Pyramid

Río Russian

Lago Clear

Río Feather

Río Yuba

Río American

Sierra

Leyenda

— Frontera nacional

— Frontera estatal

▲ Pico

▲ Punto más alto

▽ Punto más bajo

Lago Berryessa

Lago Folsom

Lago Tahoe

Valle de Napa

Islas Farallon

Bahía de San Francisco

Cordillera Santa Cruz

Río Stanislaus

Valle San Joaquin

Lago Mono

NEVADA

Río San Joaquin

Merced

Río

Lago McClure

Nevada

Pico White Mountain
14,246 pies
(4,342 m)

Bahía de Monterey

Cordillera Diablo

Embalse San Luis

Río San Joaquin

Embalse Pine Flat

Pico North Palisade
14,242 pies
(4,341 m)

Cordillera Costera

Kings

Río

Monte Whitney
14,495 pies
(4,418 m)

Cordillera Panamint

Valle de la Muerte

Lago Mead

Valle Salinas

Río Salinas

Cordillera Santa Lucía

Lago Nacimiento

Cordillera Temblor

Río

Monte Williamson
14,370 pies
(4,380 m)

Kern

Río

Lago Isabella

-282 pies
(-86 m)

Lago Mohave

Norte

Oeste   Este

Sur

R. Cuyama

Monte Pinos
8,831 pies
(2,692 m)

Montañas Tehachapi

Desierto de Mojave

Lago Havasu

Río Santa Ynez

Valle Santa Clara

R. Santa Clara

Montañas San Gabriel

Mtes. San Bernardino

Canal Santa Barbara

Valle Coachella

Río Colorado

OCÉANO PACÍFICO

Islas Channel

Mtes. San Jacinto

Desierto de Colorado

Mar de Salton

ARIZONA

R. Alamo

R. New

Mtes. Laguna

Valle Imperial

0   75   150 millas

0   75   150 kilómetros

Bahía de San Diego

MÉXICO

Manual de investigación

A veces necesitas buscar más información sobre un tema. Hay muchas fuentes que puedes usar. Puedes hallar parte de la información en tu libro. Otras fuentes son los recursos tecnológicos, los recursos impresos y los recursos de la comunidad.

Recursos tecnológicos
- **Internet**
- **Disco de computadora**
- **Televisión o radio**

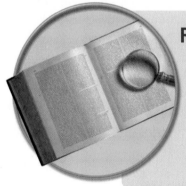

Recursos impresos
- **Atlas**
- **Diccionario**
- **Enciclopedia**
- **Libro de no ficción**
- **Revista o periódico**

Recursos de la comunidad
- **Maestro**
- **Conservador de museo**
- **Líder comunitario**
- **Ciudadano adulto**

Recursos tecnológicos

Los principales recursos tecnológicos que puedes usar son: Internet y discos de computadora. La televisión o la radio también pueden ser buenas fuentes de información.

El uso de Internet

La información en Internet siempre está cambiando. Algunas páginas web tienen errores. Asegúrate de usar una página confiable.

❯ Cómo hallar información

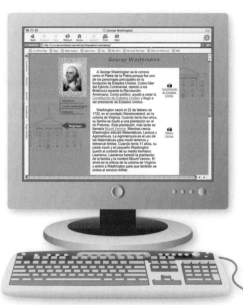

- Escribe las palabras clave que vas a buscar. Asegúrate de deletrear las palabras correctamente.

- Usa un ratón y un teclado para buscar información.

- Con la ayuda de un maestro, un padre o un niño mayor, busca la fuente que quieras usar para la investigación.

- Teclea las palabras clave.

- Lee cuidadosamente y toma apuntes.

- Si tu computadora está conectada a una impresora, puedes imprimir una copia.

Recursos impresos

Los libros de las bibliotecas están colocados en un orden especial. Cada libro tiene una cifra de clasificación. La cifra de clasificación te dice dónde debes buscar el libro.

Algunos libros, como las enciclopedias, las revistas y los periódicos, están en un lugar aparte. Los bibliotecarios pueden ayudarte a buscar lo que necesitas.

❯ Atlas

Un atlas es un libro de mapas. Algunos atlas muestran diferentes lugares en diferentes épocas.

❯ Diccionario

Un diccionario provee la ortografía correcta de las palabras. Te dice lo que significan las palabras, es decir, su definición. Algunos diccionarios dan la pronunciación de las palabras, o sea, cómo decirlas en voz alta. Las palabras de un diccionario están en orden alfabético. Las palabras guía al principio de las páginas te ayudan a hallar la palabra.

diccionario s.m. [pl. diccionarios] Un libro de consulta que recoge las palabras en orden alfabético. Da información sobre las palabras, incluso su significado y pronunciación.

❱ Enciclopedia

Una enciclopedia es un libro o un conjunto de libros que provee información acerca de muchos temas diferentes. Los temas se recogen en orden alfabético. Una enciclopedia es un buen sitio para comenzar a buscar información. También puedes hallar enciclopedias en tu computadora.

❱ Libros de no ficción

Un libro de no ficción provee datos acerca de personas, lugares y cosas reales. Los libros de no ficción de la biblioteca están agrupados según el tema. Cada tema tiene un número de clasificación diferente. Busca en un fichero o en un catálogo computarizado para hallar un número de clasificación. Puedes buscar títulos, autores o temas.

❱ Revistas y periódicos

Las revistas y los periódicos se imprimen cada día, semana o mes. Son buenas fuentes de información actualizada. Muchas bibliotecas tienen guías que presentan los artículos organizados por temas. Dos guías son: la Guía de revistas infantiles y la Guía para lectores de literatura periódica.

Recursos de la comunidad

A menudo, las personas de tu comunidad te pueden proveer la información que necesitas. Puedes conseguir datos, opiniones o puntos de vista haciendo buenas preguntas. Antes de hablar con alguien, siempre pide permiso a un maestro o a uno de tus papás.

Escuchar para hallar información

❯ Antes

- Piensa en la información que necesitas.
- Decide con quién vas a hablar.
- Haz una lista de preguntas útiles.

❯ Durante

- Habla claramente y en voz alta.
- Escucha cuidadosamente. Se te pueden ocurrir otras preguntas que quisieras hacer.
- Sé cortés. No interrumpas ni discutas.

- Toma notas para que luego puedas recordar las ideas.
- Escribe o graba las palabras exactas de la persona, para que puedas citarlas más adelante. Pídele permiso para citar sus palabras.
- Posteriormente, escribe una carta de agradecimiento.

Escribir para obtener información

También puedes escribir a las personas de tu comunidad para recopilar información. Puedes escribirles un correo electrónico o una carta. Recuerda estos pasos cuando escribas:

- Escribe con letra clara o usa una computadora.
- Di quién eres y por qué escribes. Expresa claramente lo que quieres saber.
- Verifica con cuidado la ortografía y puntuación.
- Si escribes una carta, dentro del sobre, incluye otro sobre que tenga tu dirección y los sellos adecuados de correo para que la persona te envíe su respuesta.
- Agradece a la persona.

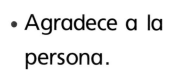

Diccionario biográfico

Este Diccionario biográfico da información sobre muchos de los personajes que se presentan en este libro. Los nombres están en orden alfabético (ABC) por apellido. Después del nombre está la fecha de nacimiento y muerte de la persona. Si aún está viva, solo se da el año de nacimiento. El número de página indica dónde se presenta la información principal de cada personaje.

Adams, Ansel (1902–1984) Fotógrafo americano. Es famoso por sus fotos en blanco y negro del paisaje natural americano. pág. 70

Anthony, Susan B. (1820–1906) Líder de los derechos de la mujer. Ayudó a las mujeres a conseguir los mismos derechos que los hombres. pág. 292

Anyokah Hija de Sequoyah. Cuando tenía seis años, ayudó a su padre a crear un sistema de escritura para el pueblo cherokee. pág. 166

Banneker, Benjamin (1731–1806) Científico y escritor afroamericano. Ayudó a planificar las calles de Washington, D.C. pág. 98

Bell, Alexander Graham (1847–1922) Inventor americano. Inventó el teléfono. También entrenó a maestros para que pudieran ayudar a las personas con pérdida del oído. pág. 305

Carter, Jimmy (1924–) y **Rosalynn** (1927–) El 39° presidente y la primera dama de Estados Unidos. Trabajan juntos por la paz y la justicia. pág. 318

Carver, George W. (1864–1943) Científico afroamericano. Trabajó para mejorar la agricultura en el Sur. pág. 301

Chávez, César (1927–1993) Trabajador agrícola americano. Trabajó para que todos los trabajadores migrantes recibieran un trato justo. pág. 213

Curie, Marie (1867–1934) Científica francesa. Fue la primera mujer que ganó el premio Nobel. pág. 302

Drew, Charles (1904–1950) Inventor afroamericano. Estableció por primera vez el banco de sangre. pág. 325

Edison, Thomas (1847–1931) Inventor americano. Inventó el foco eléctrico y muchas cosas más. pág. 298

Einstein, Albert (1879–1955) Científico alemán. Escribió sobre el tiempo, el espacio y la energía. pág. 303

Franklin, Benjamin (1706–1790) Líder, escritor e inventor americano. Ayudó a redactar la Declaración de Independencia. pág. 305

Gutenberg, Johannes (c. 1400–1468) Metalista e inventor alemán. Inventó la imprenta y el tipo móvil. pág. 54

Huerta, Dolores (1930–) Líder laboral. Trabajó para alcanzar un trato justo hacia los trabajadores agrícolas. pág. 220

King, Dr. Martin Luther, Jr. (1929–1968) Líder afroamericano de los derechos civiles. Recibió el Premio Nobel porque trabajó para cambiar las leyes injustas. pág. 310

Kumaratunga, Chandrika (1945–)
Presidenta de Sri Lanka. Es la primera
mujer presidenta de ese país. pág. 156

Lewis (1774–1809) y **Clark** (1770–1838)
Líderes de una expedición que se hizo
para explorar el Oeste americano.
pág. 274

Lincoln, Abraham (1809–1865) El 16°
presidente de Estados Unidos. Fue
presidente durante la Guerra Civil y
ayudó a que la posesión de esclavos se
declarara ilegal. pág. 308

Madre Teresa (1910–1997) Religiosa de
la iglesia católica romana que pasó la
mayor parte de su vida ayudando a los
pobres. Recibió el Premio Nobel de la
Paz. pág. 316

Marshall, Thurgood (1908–1993) Primer
magistrado afroamericano de la Corte
Suprema de EE.UU. pág. 152

Mbeki, Thabo (1942–) Presidente de
Sudáfrica. pág. 156

Meir, Golda (1898–1978) Primera ministra
de Israel desde 1969 hasta 1974.
pág. 324

Morgan, Garrett (1877–1963) Empresario
e inventor afroamericano. Inventó el
semáforo, la máscara antigás y muchas
cosas más. pág. 305

Novello, Dra. Antonia (1944–) Primera
mujer y primera hispana que tuvo el
cargo de directora general de servicios
de salud de Estados Unidos. pág. 314

Pasteur, Louis (1822–1895) Científico
francés que descubrió que los gérmenes
transmitían enfermedades. Su trabajo
salvó muchas vidas. pág. 300

Rey Abdullah II de Jordania (1962–)
Rey de Jordania. Subió al trono en
1999 como sucesor de su padre, el rey
Hussein. pág. 156

Ride, Sally (1951–) Astronauta y primera
mujer americana que viajó al espacio.
pág. 322

Robinson, Jackie (1919–1972) Primer
afroamericano que jugó béisbol de las
grandes ligas. pág. 311

Roosevelt, Eleanor (1884–1962)
Primera dama de Estados Unidos
durante 12 años. Usó su posición para
ayudar al pueblo. pág. 320

Schwarzenegger, Arnold (1947–) El 38°
gobernador de California. Nació en
Austria y es actor, cinematógrafo
y político americano. pág. 140

Sitting Bull (1834?–1890) Líder indio de los
sioux. pág. 309

Strauss, Levi (1829–1902) Inmigrante
alemán. Empresario alemán americano
que estableció un negocio exitoso
vendiendo bienes a los mineros de oro
en California. pág. 254

Tan, Amy (1952–) Escritora asiática
americana. Sus historias sobre la
cultura china se leen en todo el mundo.
pág. 34

Wright, Orville (1871–1948) y **Wilbur**
(1867–1912) Pilotos americanos. Fueron
los primeros en volar un avión de
motor. pág. 312

Glosario ilustrado

Este glosario ilustrado contiene palabras importantes y sus definiciones. Están ordenadas alfabéticamente (ABC). Las ilustraciones te ayudan a comprender el significado de las palabras. El número de página al final de la definición, indica dónde se usa la palabra por primera vez.

A

accidente geográfico

Tipo de terreno que posee una forma especial, como una montaña, una colina o una llanura. Una montaña es un **accidente geográfico** grande. (página 92)

antepasado

Miembro de tu familia que vivió antes que tú. Mi abuelo es mi **antepasado**. (página 36)

alcalde

Líder del gobierno de una ciudad o de un pueblo. El **alcalde** toma decisiones importantes para nuestra comunidad. (página 138)

B

banco

Negocio que cuida del dinero de las personas. Las personas ponen dinero en el **banco** para mantenerlo seguro. (página 272)

bienes

Cosas que se pueden comprar y vender. Esta tienda vende toda clase de **bienes**. (página 247)

cambio

Algo que hace que una cosa se vuelva diferente. En el otoño ocurre un **cambio** en el color de algunas hojas. (página 23)

boleta electoral

Una papeleta que muestra las opciones de votación. El votante marcó sus preferencias en la **boleta electoral**. (página 150)

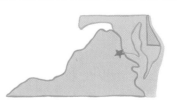

capital

Una ciudad en la que se reúne y trabaja el gobierno de un estado o de un país. Washington, D.C., es la **capital** de Estados Unidos. (página 143)

calendario

Una tabla que muestra los días de una semana, un mes o un año. Un **calendario** muestra que hay siete días en una semana. (página 26)

científico

Una persona que observa cosas y hace descubrimientos. Albert Einstein era un **científico**. (página 300)

ciudad

Un pueblo muy grande. En mi **ciudad** hay muchos edificios altos. (página 82)

combustible

Un recurso, como el petróleo, que se puede quemar para producir calor o energía. La gasolina es un **combustible** que se usa en los carros. (página 191)

ciudadano

Una persona que vive en una comunidad y que pertenece a ella. Nick es **ciudadano** de Estados Unidos. (página 132)

compasión

La capacidad de comprender cómo se sienten los demás. Mi mamá siente **compasión** cuando me lastimo. (página 314)

clima

El tipo de tiempo que tiene un lugar durante un largo periodo. El bosque tropical tiene un **clima** muy lluvioso. (página 194)

comunicación

La transmisión de ideas e información. El bombero usa la radio como medio de **comunicación** con otros bomberos. (página 52)

comunidad

Un grupo de personas que viven o trabajan juntas. Es también el lugar donde viven. Hemos vivido en esta **comunidad** durante muchos años. (página 24)

consecuencia

Algo que ocurre por lo que hace una persona. Un piso sucio es la **consecuencia** de usar zapatos enlodados. (página 137)

concejo

Un grupo de ciudadanos elegidos para tomar decisiones por todos los habitantes. El **concejo** debate sobre dónde construir el parque infantil. (página 138)

conservación

Lo que hacemos para ahorrar recursos o para que duren más. La **conservación** de la electricidad es una buena idea. (página 192)

Congreso

El grupo de ciudadanos elegidos para tomar decisiones para el país. El **Congreso** vota sobre leyes nuevas. (página 146)

Constitución

El plan de gobierno de Estados Unidos. La **Constitución** dice que todo ciudadano adulto tiene derecho a votar. (página 148)

consumidor

Una persona que compra y usa bienes y servicios. Un **consumidor** compra comida para un picnic. (página 249)

Corte Suprema

La corte más alta de Estados Unidos. La **Corte Suprema** resuelve los casos más importantes. (página 148)

continente

Una de las siete áreas territoriales de la Tierra. Vivimos en el **continente** de América del Norte. (página III)

cuadrícula

Un conjunto de líneas que dividen un mapa en columnas e hileras de casillas. La estrella está en la casilla C-3 de la **cuadrícula**. (página 80)

cooperar

Trabajar juntos. A mi familia le gusta **cooperar** en proyectos. (página 164)

cultivo

Una planta que sembramos para obtener alimento y suplir otras necesidades. El maíz es un **cultivo** importante de Estados Unidos. (página 194)

cultura

La manera de vivir de un grupo. La música y el baile forman parte de mi **cultura**.
(página 131)

diagrama

Una ilustración que muestra las partes de algo. El **diagrama** me ayudó a armar el juguete.
(página 42)

derechos

Libertades. La libertad de expresión es uno de nuestros **derechos**. (página 132)

distribuidor

Una persona que lleva un producto de la planta procesadora al mercado. El **distribuidor** llevó el jugo de naranja al mercado. (página 216)

deseo

Algo que queremos pero que no necesitamos. Tengo muchos **deseos** que no puedo satisfacer.
(página 260)

ecuador

Una línea imaginaria que divide la Tierra en dos partes, norte y sur. La mayor parte de América del Sur está al sur del **ecuador**.
(página 96)

elecciones

Una época en la que el pueblo vota por sus líderes. Las **elecciones** para elegir al presidente se realizan en noviembre. (página 147)

escala del mapa

La parte de un mapa que te ayuda a hallar la distancia. La **escala del mapa** te puede ayudar a determinar la distancia entre Charleston y Elkins. (página 88)

embajada

Un edificio en el que vive un embajador. El embajador vive en la **embajada**. (página 162)

escaso

Algo difícil de hallar porque no hay suficiente cantidad. George no puede comprar dulces cuando el dinero está **escaso**. (página 269)

embajador

Alguien que habla en nombre de su gobierno en otro país. El **embajador** de Francia se reunió con el presidente. (página 162)

estado

Una parte de un país. California es uno de nuestros cincuenta **estados**. (página 82)

evento

Algo que ocurre. Una fiesta de cumpleaños es un **evento** feliz. (página 28)

fabricar

Elaborar productos por medio de máquinas. Los robots se usan para **fabricar** partes para autos. (página 270)

explorador

Una persona que investiga un lugar por primera vez. Lewis y Clark fueron **exploradores** famosos. (página 322)

ficción

Cuentos que parecen reales pero que contienen una parte de la información inventada. El cuento de La Caperucita Roja es **ficción**. (página 312)

fábrica

Un edificio en el que se hacen bienes con máquinas. El automóvil se hizo en una **fábrica** de Detroit. (página 250)

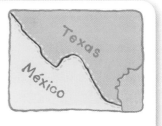

frontera

Una línea en un mapa que muestra dónde termina un estado o país. La línea roja muestra la **frontera** entre Texas y México. (página 143)

fuente

El lugar de donde proviene algo. Una enciclopedia es una buena **fuente** de información. (página 37)

gobernador

El líder del gobierno de un estado. Cada estado tiene un **gobernador**. (página 140)

 G

geografía

El estudio de la Tierra y sus habitantes. La **geografía** nos enseña sobre la Tierra y sus habitantes. (página 18)

gobierno

El grupo de ciudadanos que dirige una comunidad, un estado o un país. Nuestro **gobierno** necesita líderes fuertes. (página 136)

globo terráqueo

Un modelo de la Tierra. Podemos hallar los países en el **globo terráqueo** de nuestro salón de clases. (página 110)

gobierno por mayoría

Mandato por más de la mitad de los habitantes de una comunidad. El **gobierno por mayoría** eligió la construcción de una nueva escuela. (página 150)

gráfica de barras

Una gráfica que usa barras para mostrar cuánto o cuántos hay. Esta **gráfica de barras** muestra el dinero que ahorré cada mes. (página 252)

héroe

Una persona que ha hecho algo con mucho valor o algo importante. Los **héroes** salvan vidas. (página 298)

guión gráfico

Una gráfica que usa palabras e ilustraciones para mostrar eventos en orden. Un **guión gráfico** ayuda a contar lo que sucedió. (página 28)

historia

El estudio de las cosas que ocurrieron en el pasado. La **historia** de nuestro país es interesante. (página 22)

H

hecho

Una información que es verdadera. Es un **hecho** que los seres humanos han caminado sobre la Luna. (página 312)

I

impuesto

Dinero que se paga al gobierno y que se usa para pagar por los servicios. El **impuesto** que pagamos en la tienda ayuda a pagar por la construcción de carreteras. (página 146)

indicador de direcciones

El símbolo en un mapa que muestra los puntos cardinales. El **indicador de direcciones** muestra las direcciones. (página 96)

intercambio

El cambio de una cosa por otra. ¿Es este un **intercambio** justo? (página 277)

ingreso

Dinero que las personas ganan por el trabajo que hacen. Miguel usa su **ingreso** para comprar limonada. (página 256)

invento

Un producto nuevo que no se ha hecho antes. El foco eléctrico fue un **invento** de Thomas Edison. (página 299)

inmigrante

Persona que llega de otro país a vivir en un país nuevo. Mi bisabuelo fue un **inmigrante** irlandés. (página 103)

 J

juez

Líder de una corte. La **jueza** castigó al infractor. (página 139)

legislatura

Un grupo de ciudadanos elegidos para tomar decisiones para un estado. La **legislatura** decidirá dónde se va a construir una nueva carretera. (página 140)

libertad

El derecho que tienen las personas de tomar sus propias decisiones. Los americanos tenemos la **libertad** de votar. (página 132)

ley

Una regla que las personas de una comunidad deben obedecer. La **ley** del límite de velocidad protege a las personas. (página 136)

libre empresa

La libertad de iniciar y dirigir cualquier tipo de negocio. Con la **libre empresa** estos niños pueden ganar dinero. (página 258)

leyenda del mapa

La parte de un mapa que muestra el significado de los símbolos. Halla el símbolo del puente en la **leyenda del mapa**. (página 77)

línea cronológica

Una línea que indica cuándo sucedieron las cosas. Esta **línea cronológica** muestra los días festivos. (página 32)

GLOSARIO ILUSTRADO

R33

mapa

Una ilustración que muestra dónde están los lugares. ¿Puedes hallar una isla en este **mapa**? (página III)

mercado

El lugar donde las personas compran y venden bienes. El **mercado** vende muchas frutas y vegetales. (página 212)

mapa de productos

Un mapa que muestra dónde se hallan o se hacen los productos. Este **mapa de productos** muestra el lugar donde se cultiva el maíz. (página 208)

mercado

Donde las personas compran y venden bienes y servicios. En el **mercado** se venden muchas cosas. (página 270)

materia prima

Un recurso que se usa para hacer un producto. La madera es una **materia prima** que se usa para hacer muebles. (página 212)

nación

Un país. Rusia es una **nación**. (página 155)

negocio

La producción o venta de bienes o servicios. Mis padres tienen su propio **negocio** de venta de flores. (página 248)

océano

Una extensa masa de agua salada. Los barcos navegan por el **océano**. (página III)

no ficción

Historias que solo contienen hechos. Las historias del periódico son de **no ficción**. (página 312)

ocupación

El trabajo que una persona hace para ganar dinero. La **ocupación** de mi papá es médico. (página 256)

O

objeto del pasado

Una cosa de una época antigua. Este **objeto del pasado** se halló en Grecia. (página 37)

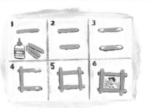

organigrama

Una tabla que muestra los pasos que se necesitan para hacer algo. El **organigrama** muestra cómo hacer un marco para fotos. (página 218)

país

Un área de terreno con sus propios habitantes y leyes. Estamos orgullosos de nuestro **país**, Estados Unidos. (página 90)

pictograma

Una gráfica que usa ilustraciones para mostrar cantidades de cosas. El **pictograma** muestra que nuestro deporte favorito es el béisbol. (página 262)

pasado

El tiempo anterior al actual. George Washington vivió en el **pasado**. (página 22)

pionero

Una de las primeras personas que vive en una nueva tierra. Muchos **pioneros** viajaban hacia el oeste en carromatos. (página 100)

patrimonio cultural

Algo que nos transmiten los antepasados. Mi abuela me enseña sobre mi **patrimonio cultural**. (página 38)

planta procesadora

Un lugar donde los alimentos se convierten en productos alimenticios. Los cacahuates se convierten en mantequilla de cacahuate en una **planta procesadora**. (página 214)

presente

Ahora. Hoy es el **presente**.
(página 24)

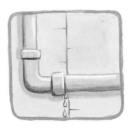

problema

Algo difícil o que cuesta comprender. El **problema** de la cañería es que gotea.
(página 164)

presidente

El líder del gobierno de Estados Unidos. George Washington fue el primer **presidente** de Estados Unidos. (página 147)

producto

Algo que las personas o la naturaleza producen. La salsa de manzana es un **producto** hecho de manzanas.
(página 208)

presupuesto

Un plan que muestra cuánto dinero tienes y cuánto dinero gastas. Hago un **presupuesto** cada mes. (página 272)

productor

Una persona que cultiva, hace o vende bienes. Este **productor** cultiva frutas para vender.
(página 246)

puntos cardinales

Los cuatro puntos principales de referencia son: norte, sur, este y oeste. Los **puntos cardinales** te ayudan a hallar lugares en un mapa. (página 96)

rural

Un área del país que está lejos de una ciudad. Esta área **rural** es muy tranquila. (página 84)

R

recurso natural

Algo que está en la naturaleza y que las personas usan. El petróleo es un **recurso natural.** (página 188)

ruta

Una vía que se usa para ir de un lugar a otro. La **ruta** que este mapa muestra es fácil de seguir. (página 106)

responsabilidad

Algo que un ciudadano debe cuidar o hacer. Mi **responsabilidad** es llevar las gafas que encontré a la sección de objetos perdidos. (página 134)

S

servicios

Trabajos que se hacen para otros. Pagamos al mesonero por sus **servicios**. (página 247)

símbolo del mapa

Una pequeña ilustración o figura en un mapa que representa una cosa real. Este **símbolo del mapa** representa una montaña. (página 113)

tabla

Un cuadro que muestra información en hileras y columnas. Una **tabla** se puede usar para comparar cosas. (página 304)

solución

La manera en que las personas se ponen de acuerdo para resolver un problema. La **solución** es reemplazar la cañería que gotea. (página 164)

tecnología

El uso de nuevos inventos en la vida diaria. Las computadoras son instrumentos de **tecnología** muy útiles. (página 202)

suburbio

Una comunidad ubicada cerca de una ciudad grande. Este **suburbio** está a unas treinta millas de la ciudad. (página 83)

título del mapa

El nombre de un mapa. El **título del mapa** te indica lo que el mapa muestra. (página 77)

tradición

Manera de hacer algo que se transmite de padres a hijos. Usar la falda escocesa es una **tradición** en Escocia. (página 51)

ubicación

El lugar donde está algo. El mapa te ayudará a hallar tu **ubicación**. (página 76)

transporte

El traslado de personas y bienes de un lugar a otro. Los autobuses y aviones se usan como **transporte**. (página 49)

urbano

En, de o como una ciudad. Ellos viven en un área **urbana**. (página 82)

tratado

Un contrato o acuerdo. Los dos países firmaron un **tratado**. (página 162)

valor

La capacidad de enfrentar el peligro con osadía. El bombero tuvo el **valor** de apagar el incendio. (página 308)

voluntario

Una persona que trabaja sin que le paguen. Trabajo como **voluntario** en mi institución benéfica favorita. (página 318)

voto

Una decisión que se cuenta. La persona que recibe la mayoría de los **votos**, gana. (página 150)

Índice

Este índice indica dónde se puede hallar información sobre las personas, lugares y eventos en el libro. Las entradas están en orden alfabético. Cada entrada indica la página o las páginas donde puedes hallar el tema.

ÍNDICE

R

S

For permission to translate/reprint copyrighted material, grateful acknowledgment is made to the following sources:

Aladdin Paperbacks, an imprint of Simon & Schuster Children's Publishing Division: From *The Story of Johnny Appleseed* by Aliki. Copyright © 1963 by Aliki Brandenberg.

Children's Book Press, San Francisco, CA: "Un árbol para César Chávez" from *Laughing Tomatoes and Other Spring Poems* by Francisco Alarcón, illustrated by Maya Christina Gonzalez. Text copyright © 1997 by Francisco Alarcón; illustrations copyright © 1997 by Maya Christina Gonzalez. "My Grandma's Stories"/"Los cuentos de mi abuelita" from *A Movie in My Pillow/ Una película en mi almohada* by Jorge Argueta. Text copyright © 2001 by Jorge Argueta.

Clarion Books/Houghton Mifflin Company: From *To Fly: The Story of the Wright Brothers* by Wendie C. Old, illustrated by Robert Andrew Parker. Text copyright © 2002 by Wendie C. Old; illustrations copyright © 2002 by Robert Andrew Parker.

Cobblestone Publishing Inc., 30 Grove Street, Suite C, Peterborough, NH 03458: From "Hail to the Chief" by John P. Riley in *Appleseeds: American Presidents,* April 2004. Text copyright © 2004 by Carus Publishing Company.

Folkways Music Publishers, Inc., New York, NY: Lyrics from "All Work Together" by Woody Guthrie. TRO – © copyright 1956 (renewed) and 1963 (renewed) by Folkways Music Publishers, Inc. Published by Folkways Music Publishers, Inc.

Harcourt, Inc.: La Tortilleria by Gary Paulsen, illustrated by Ruth Wright Paulsen. Text copyright © 1995 by Gary Paulsen; illustrations copyright © 1995 by Ruth Wright Paulsen.

Holiday House, Inc.: From *Supermarket* by Kathleen Krull, illustrated by Melanie Hope Greenberg. Text copyright © 2001 by Kathleen Krull; illustrations copyright © 2001 by Melanie Hope Greenberg.

Henry Holt and Company, LLC: From *Wee and the Wright Brothers* by Timothy R. Gaffney, illustrated by Bernadette Pons. Text copyright © 2004 by Timothy R. Gaffney; illustrations copyright © 2004 by Bernadette Pons.

Barbara S. Kouts, on behalf of Joseph Bruchac: "How the Prairie Became Ocean" from *Four Ancestors: Stories, Songs, and Poems from Native North America* by Joseph Bruchac. Text copyright © 1996 by Joseph Bruchac.

Lectorum Publications, Inc.: From *La Historia de Johnny Appleseed* by Aliki. Text copyright © 1963 by Aliki Bradenberg; Spanish translation © 1992 by Lectorum Publications, Inc.

G. P. Putnam's Sons, A Division of Penguin Young Readers Group, A Member of Penguin Group (USA) Inc., 345 Hudson St., New York, NY 10014: Covered Wagons, Bumpy Trails by Verla Kay, illustrated by S. D. Schindler. Text copyright © 2000 by Verla Kay; illustrations copyright © 2000 by S. D. Schindler.

Random House Children's Books, a division of Random House, Inc.: Cover illustration from *The Cat in the Hat* by Dr. Seuss. TM & copyright © 1957, renewed 1985 by Dr. Seuss Enterprises, L.P.

The Watts Publishing Group Limited, 96 Leonard Street, London EC2A 4XD: When I Was Young by James Dunbar, illustrated by Martin Remphry. Text copyright © 1998 by James Dunbar; illustrations copyright © 1998 by Martin Remphry. Originally published in the UK by Franklin Watts, a division of The Watts Publishing Group Limited, 1999.

Normas académicas y destrezas de análisis de Historia y Ciencias Sociales de California

Normas académicas de Historia y Ciencias Sociales
Gente que hace la diferencia

Source for California Standards: California Department of Education

Los estudiantes de segundo grado exploran la vida de personas importantes de la vida cotidiana en el presente y aprenden las historias de personas importantes del pasado cuyos logros los han afectado directa o indirectamente. El estudio de personas que proveen bienes y servicios en la actualidad ayuda a comprender la compleja interdependencia que existe en nuestro sistema de libre mercado.

2.1 Los estudiantes diferencian hechos que ocurrieron hace mucho tiempo y eventos que sucedieron ayer.

2.1.1 Trazar la historia de una familia a través del uso de fuentes primarias y secundarias, incluyendo objetos del pasado, fotografías, entrevistas y documentos.

2.1.2 Comparar y contrastar su propia vida de todos los días con la de sus padres, abuelos y/o tutores.

2.1.3 Ubicar eventos importantes de su vida en el orden en que ocurrieron (en una línea cronológica o en un guión gráfico).

2.2 Los estudiantes demuestran sus destrezas con mapas describiendo las ubicaciones absolutas y relativas de personas, lugares y ambientes.

2.2.1 Mostrar en un sistema simple de cuadrícula la ubicación específica y las características geográficas de su vecindario o comunidad (por ejemplo, mapa de la clase, la escuela).

2.2.2 Rotular de memoria un mapa simple de América del Norte que incluya los países, los océanos, los Grandes Lagos, los principales ríos y las cadenas montañosas. Identificar los elementos esenciales de un mapa: título, leyenda, indicador de direcciones, escala y fecha.

2.2.3 Ubicar en un mapa el lugar en donde viven o vivían sus antepasados, explicando cuándo la familia se mudó a la comunidad actual y cómo y por qué realizaron ese viaje.

2.2.4 Comparar y contrastar el uso básico de la tierra en ambientes urbanos, suburbanos y rurales de California.

2.3 Los estudiantes explican las instituciones y las prácticas del gobierno de Estados Unidos y de otros países.

2.3.1 Explicar cómo Estados Unidos y otros países dictan leyes, las cumplen, determinan si las leyes han sido violadas y castigan a quienes no las cumplen.

2.3.2 Describir cómo grupos y naciones se relacionan para tratar de resolver problemas en áreas como el comercio, el contacto cultural, los tratados, la diplomacia y la acción militar.

2.4 Los estudiantes comprenden conceptos básicos de economía y su propio rol en la economía, y demuestran destrezas básicas de razonamiento económico.

2.4.1 Describir la producción y el consumo de alimentos en el pasado y en la actualidad, incluyendo el rol de los granjeros, los industriales, los distribuidores, el clima y los recursos de la tierra y el agua.

2.4.2 Comprender el papel y la interdependencia de los compradores (consumidores) y los vendedores (productores) de bienes y servicios.

2.4.3 Comprender cómo los límites en los recursos influyen en la producción y el consumo (qué se produce y qué se consume).

2.5 Los estudiantes comprenden la importancia del carácter y la acción individual, y explican cómo los héroes del pasado lejano y del pasado reciente han influido en la vida de otras personas (por ejemplo, a través de las biografías de Abraham Lincoln, Louis Pasteur, Sitting Bull, George Washington Carver, Marie Curie, Albert Einstein, Golda Meir, Jackie Robinson, Sally Ride).

Kindergarten hasta quinto grado

Normas académicas de Historia y Ciencias Sociales

Destrezas de análisis de Historia y Ciencias Sociales

Las destrezas intelectuales mencionadas más adelante están destinadas a ser aprendidas y aplicadas a las normas académicas de kindergarten hasta quinto grado. Deben ser evaluadas *sólo en relación a* las normas académicas de kindergarten hasta quinto grado.

Además de las normas académicas de kindergarten hasta quinto grado, los estudiantes demuestran las siguientes destrezas intelectuales, de razonamiento, reflexión e investigación:

Pensamiento cronológico y espacial

1. Los estudiantes ubican eventos clave y personajes históricos del período que están estudiando en una secuencia cronológica y en un contexto espacial; interpretan líneas cronológicas.

2. Los estudiantes emplean correctamente términos vinculados con el tiempo, como *pasado, presente, futuro, década, siglo* y *generación.*

3. Los estudiantes explican cómo se relacionan el presente y el pasado, identificando sus semejanzas y diferencias, y de qué manera ciertos elementos cambian con el tiempo y otros permanecen igual.

4. Los estudiantes usan destrezas con mapas y globos terráqueos para determinar la ubicación de lugares e interpretar la información disponible a través de las leyendas, la escala y las representaciones simbólicas del mapa o el globo terráqueo.

5. Los estudiantes evalúan la importancia de la ubicación relativa de un lugar (por ejemplo, la proximidad a un puerto, a rutas comerciales) y analizan cómo las ventajas y desventajas relativas cambian con el paso del tiempo.

Investigación, evidencia y punto de vista

1. Los estudiantes diferencian las fuentes primarias y las secundarias.

2. Los estudiantes plantean preguntas importantes sobre los hechos que encuentran en documentos históricos, testimonios, relatos orales, cartas, diarios personales, objetos del pasado, fotografías, mapas, obras de arte y arquitectura.

3. Los estudiantes distinguen entre la ficción y los hechos comparando fuentes documentales de figuras históricas y eventos reales con personajes y eventos de ficción.

Interpretación histórica

1. Los estudiantes resumen los eventos clave del período histórico que están estudiando y explican los contextos históricos de esos eventos.

2. Los estudiantes identifican las características humanas y físicas de los lugares que están estudiando y explican cómo esos rasgos conforman las características particulares de esos lugares.

3. Los estudiantes identifican e interpretan las múltiples causas y efectos de los eventos históricos.

4. Los estudiantes realizan análisis de costo-beneficio de eventos históricos y contemporáneos.

Sierra Nevada